福建经济普查年鉴

Fujian Economic Census Yearbook 2013

第三产业卷

福建省第三次全国经济普查领导小组办公室　编

中国统计出版社
China Statistics Press

图书在版编目（CIP）数据

福建经济普查年鉴. 2013 / 福建省第三次全国经济普查领导小组办公室编. -- 北京 ： 中国统计出版社，2016.1
ISBN 978-7-5037-7752-3

Ⅰ. ①福… Ⅱ. ①福… Ⅲ. ①经济－普查－福建省－2013－年鉴 Ⅳ. ①F127.45-54

中国版本图书馆 CIP 数据核字（2016）第 027328 号

福建经济普查年鉴—2013/第三产业卷

作　　者/福建省第三次全国经济普查领导小组办公室
责任编辑/赵淑焕
封面设计/黄俊杰　李雪燕
出版发行/中国统计出版社
通信地址/北京市丰台区西三环南路甲 6 号　邮政编码/100073
电　　话/邮购（010）63376909　书店（010）68783171
网　　址/http://www.zgtjcbs.com/
印　　刷/河北天普润印刷厂
经　　销/新华书店
开　　本/880mm×1230mm　1/16
字　　数/424 千字
印　　张/14
版　　别/2016 年 8 月第 1 版
版　　次/2016 年 8 月第 1 次印刷
定　　价/680.00 元

本书附同版本 CD-ROM 一张，光盘内容以书面文字为准。
如有印装差错，由本社发行部调换。

编者说明

为便于社会各界分享我省第三次全国经济普查成果，方便使用和开发利用普查资料，我们将经济普查资料编辑整理，汇编成《福建经济普查年鉴—2013》一书。全书共三卷，即综合卷、第二产业卷和第三产业卷，并随书配送同版本光盘一张。《综合卷》分三篇：第一篇为“综合篇”，第二篇为“小微企业篇”，第三篇为“文化及相关产业篇”。《第二产业卷》分三篇：第一篇为“工业企业生产经营及财务状况”，第二篇为“规模以上工业企业科技情况”，第三篇是“建筑业企业生产经营及财务状况”。《第三产业卷》分六篇：第一篇为“批发和零售业基本情况及财务状况”，第二篇为“住宿和餐饮业基本情况及财务状况”，第三篇为“房地产开发经营业生产经营及财务状况”，第四篇为“重点服务业企业财务状况”，第五篇为 “行政事业、社团及其他单位财务状况”，第六篇为“企业信息化和电子商务交易情况”。

为使读者能够更好地使用本资料，现对有关问题做如下说明：

一、第三次全国经济普查的标准时点为2013年12月31日，时期资料为2013年度；

二、每卷后附有该卷详细的指标解释，使用时请仔细阅读；

三、综合卷中综合篇和小微企业篇汇总表，均不包括金融业、铁路运输业和一些无分组标识的数据；

四、第三产业卷中重点服务业企业财务状况分行业、分地区、分登记注册类型、分控股情况主要指标汇总口径为“机构类型”为“企业”或者“执行会计标准类别”为“企业会计制度”的法人单位。行政事业、社团及其他单位财务状况分行业、分地区主要指标汇总口径为“机构类型”不等于“企业”并且“执行会计标准类别”不等于“企业会计制度”的法人单位。

五、本资料建筑业按法人单位注册地，其他行业按法人单位经营地进行汇总；

六、本资料对部分数据由于单位取舍不同或四舍五入而产生的差数均未作调整；

七、表中空格表示该项统计指标数值为零、数据不详或无该项数据，“#”表示其中的主要项。

八、由于经济普查年鉴汇总口径与经济普查公报不完全一致，可能会造成我省经济普查年鉴数据与经济普查公报数据存在差异。

我们希望此书的面世，能使社会各界对我省第三次全国经济普查有一个全面概括的了解，更愿本书的内容，能为社会经济研究工作者提供有价值的参考。

第三次全国经济普查资料是全省普查工作者共同辛勤工作的成果，也是广大普查对象积极支持配合的结果。在此，我们向全省所有普查工作者、普查对象和所有参与和支持普查工作的人员致以崇高的敬意和衷心的感谢！

第三产业卷 目录

第一篇 批发和零售业基本情况及财务状况

A. 行业部分

1-A-01 批发业法人企业基本情况 …… 3
1-A-02 限额以上批发业法人企业基本情况 …… 5
1-A-03 批发业法人企业财务状况 …… 7
1-A-04 限额以上批发业法人企业财务状况 …… 9
1-A-05 零售业法人企业基本情况 …… 11
1-A-06 限额以上零售业法人企业基本情况 …… 14
1-A-07 零售业法人企业财务状况 …… 17
1-A-08 限额以上零售业法人企业财务状况 …… 20

B. 地区部分

1-B-01 分设区市批发业法人企业基本情况 …… 23
1-B-02 分设区市批发业法人企业基本情况(按国民经济行业分) …… 23
1-B-03 分设区市批发业法人企业基本情况(按登记注册类型分) …… 28
1-B-04 分设区市批发业法人企业财务状况 …… 29
1-B-05 分地区批发业法人企业财务状况(按国民经济行业分) …… 30
1-B-06 分设区市批发业法人企业财务状况(按登记注册类型分) …… 34
1-B-07 分设区市零售业法人企业基本情况 …… 36
1-B-08 分设区市零售业法人企业基本情况(按国民经济行业分) …… 36
1-B-09 分设区市零售业法人企业基本情况(按登记注册类型分) …… 41
1-B-10 分设区市零售业法人企业基本情况(按零售业态分) …… 42
1-B-11 分设区市零售业法人企业财务状况 …… 45
1-B-12 分设区市零售业法人企业财务状况(按国民经济行业分) …… 46
1-B-13 分设区市零售业法人企业财务状况(按登记注册类型分) …… 50
1-B-14 分设区市零售业法人企业财务状况(按零售业态分) …… 52

第二篇 住宿和餐饮业基本情况及财务状况

A. 行业部分

2-A-01 住宿业法人企业基本情况 …… 57
2-A-02 限额以上住宿业法人企业经营情况 …… 58
2-A-03 住宿业法人企业财务状况 …… 59
2-A-04 限额以上住宿业法人企业财务状况 …… 60

2-A-05 餐饮业法人企业基本情况 …… 61
2-A-06 限额以上餐饮业法人企业经营情况 …… 62
2-A-07 餐饮业法人企业财务状况 …… 63
2-A-08 限额以上餐饮业法人企业财务状况 …… 64
B. 地区部分
2-B-01 分设区市住宿业法人企业基本情况 …… 65
2-B-02 分设区市住宿业法人企业基本情况(按国民经济行业分) …… 65
2-B-03 分设区市住宿业法人企业基本情况(按登记注册类型分) …… 67
2-B-04 分设区市住宿业法人企业基本情况(按星级分) …… 68
2-B-05 分设区市住宿业法人企业财务状况 …… 71
2-B-06 分设区市住宿业法人企业财务状况(按国民经济行业分) …… 72
2-B-07 分设区市住宿业法人企业财务状况(按登记注册类型分) …… 73
2-B-08 分设区市住宿业法人企业财务状况(按星级分) …… 75
2-B-09 分设区市餐饮业法人企业基本情况 …… 78
2-B-10 分设区市餐饮业法人企业基本情况(按国民经济行业分) …… 78
2-B-11 分设区市餐饮业法人企业基本情况(按登记注册类型分) …… 80
2-B-12 分设区市餐饮业法人企业财务状况 …… 82
2-B-13 分设区市餐饮业法人企业财务状况(按国民经济行业分) …… 82
2-B-14 分设区市餐饮业法人企业财务状况(按登记注册类型分) …… 84

第三篇 房地产开发经营业生产经营及财务状况

3-01 按登记注册类型、设区市分组的全社会房地产开发企业法人单位个数 …… 89
3-02 按登记注册类型、设区市分组的全社会房地产开发企业年末从业人数 …… 90
3-03 按登记注册类型、设区市分组的全社会房地产开发企业资产总计 …… 91
3-04 按登记注册类型、设区市分组的房地产开发企业法人单位个数 …… 92
3-05 按登记注册类型、设区市分组的房地产开发企业从业人员平均人数 …… 93
3-06 按登记注册类型、设区市分组的房地产开发企业资产总计 …… 94
3-07 按登记注册类型、设区市分组的房地产开发企业负债合计 …… 95
3-08 按登记注册类型、设区市分组的房地产开发企业所有者权益 …… 96
3-09 按设区市、资质等级分组的全社会房地产开发企业法人单位个数 …… 97
3-10 按设区市、资质等级分组的全社会房地产开发企业年末从业人数 …… 97
3-11 按设区市、资质等级分组的房地产开发企业法人单位个数 …… 98
3-12 按设区市、资质等级分组的房地产开发企业从业人员平均人数 …… 98
3-13 按设区市、资质等级分组的房地产开发企业房屋施工面积 …… 99
3-14 按设区市、资质等级分组的房地产开发企业房屋新开工面积 …… 99
3-15 按设区市、资质等级分组的房地产开发企业房屋竣工面积 …… 100
3-16 按设区市、资质等级分组的房地产开发企业房屋竣工价值 …… 100
3-17 按设区市、资质等级分组的房地产开发企业商品房销售面积 …… 101
3-18 按设区市、资质等级分组的房地产开发企业商品房现房销售面积 …… 101

3-19 按设区市、资质等级分组的房地产开发企业商品房期房销售面积……102
3-20 按设区市、资质等级分组的房地产开发企业房屋出租面积……102
3-21 按设区市、资质等级分组的房地产开发企业商品房销售额……103
3-22 按设区市、资质等级分组的房地产开发企业商品房现房销售额……103
3-23 按设区市、资质等级分组的房地产开发企业商品房期房销售额……104
3-24 按设区市、用途分组的房地产开发企业房屋施工面积……104
3-25 按设区市、用途分组的房地产开发企业房屋新开工面积……105
3-26 按设区市、用途分组的房地产开发企业房屋竣工面积……105
3-27 按设区市、用途分组的房地产开发企业房屋竣工价值……106
3-28 按设区市、用途分组的房地产开发企业商品房销售面积……106
3-29 按设区市、用途分组的房地产开发企业商品房现房销售面积……107
3-30 按设区市、用途分组的房地产开发企业商品房期房销售面积……107
3-31 按设区市、用途分组的房地产开发企业房屋出租面积……108
3-32 按设区市、用途分组的房地产开发企业商品房销售额……108
3-33 按设区市、用途分组的房地产开发企业商品房现房销售额……109
3-34 按设区市、用途分组的房地产开发企业商品房期房销售额……109
3-35 按设区市、用途分组的房地产开发企业商品房待售面积……110
3-36 按设区市、时间分组的房地产开发企业商品房屋待售情况……110
3-37 分设区市房地产开发企业土地开发及其购置情况……111
3-38 分设区市房地产开发企业主营业务收入及其构成……111

第四篇 重点服务业企业财务状况

4-01 交通运输、仓储和邮政业企业法人单位主要指标……115
4-02 分设区市交通运输、仓储和邮政业企业法人单位主要指标……115
4-03 信息传输、软件和信息技术服务业企业法人单位主要指标……116
4-04 分设区市信息传输、软件和信息技术服务业企业法人单位主要指标……116
4-05 分登记注册类型信息传输、软件和信息技术服务业企业法人单位主要指标……117
4-06 金融业企业法人单位主要指标……117
4-07 房地产业企业法人单位主要指标……117
4-08 分设区市房地产业企业法人单位主要指标……118
4-09 分登记注册类型房地产业企业法人单位主要指标……118
4-10 租赁和商务服务业企业法人单位主要指标……119
4-11 分设区市租赁和商务服务业企业法人单位主要指标……119
4-12 分登记注册类型租赁和商务服务业企业法人单位主要指标……120
4-13 科学研究和技术服务业企业法人单位主要指标……120
4-14 分设区市科学研究和技术服务业企业法人单位主要指标……121
4-15 分登记注册类型科学研究和技术服务业企业法人单位主要指标……121
4-16 水利、环境和公共设施管理业企业法人单位主要指标……122
4-17 分设区市水利、环境和公共设施管理业企业法人单位主要指标……122

4-18 分登记注册类型水利、环境和公共设施管理业企业法人单位主要指标 …… 123
4-19 居民服务、修理和其他服务业企业法人单位主要指标 …… 123
4-20 分设区市居民服务、修理和其他服务业企业法人单位主要指标 …… 124
4-21 分登记注册类型居民服务、修理和其他服务业企业法人单位主要指标 …… 124
4-22 教育企业法人单位主要指标 …… 125
4-23 分设区市教育企业法人单位主要指标 …… 125
4-24 分登记注册类型教育企业法人单位主要指标 …… 126
4-25 卫生和社会工作企业法人单位主要指标 …… 126
4-26 分设区市卫生和社会工作企业法人单位主要指标 …… 127
4-27 分登记注册类型卫生和社会工作企业法人单位主要指标 …… 127
4-28 文化、体育和娱乐业企业法人单位主要指标 …… 128
4-29 分地区文化、体育和娱乐业企业法人单位主要指标 …… 129
4-30 分登记注册类型文化、体育和娱乐业企业法人单位主要指标 …… 129
4-31 分行业国有控股企业主要指标 …… 130
4-32 分行业非公有控股经济企业主要指标 …… 131
4-33 规模以上交通运输、仓储和邮政业企业法人单位主要指标 …… 132
4-34 规模以上信息传输、软件和信息技术服务业企业法人单位主要指标 …… 134
4-35 规模以上物业管理和房地产中介服务企业法人单位主要指标 …… 134
4-36 规模以上租赁和商务服务业企业法人单位主要指标 …… 136
4-37 规模以上科学研究和技术服务业企业法人单位主要指标 …… 136
4-38 规模以上水利、环境和公共设施管理业企业法人单位主要指标 …… 138
4-39 规模以上居民服务、修理和其他服务业企业法人单位主要指标 …… 138
4-40 规模以上教育企业法人单位分行业主要指标 …… 140
4-41 规模以上卫生和社会工作企业法人单位主要指标 …… 140
4-42 规模以上文化、体育和娱乐业企业法人单位主要指标 …… 142

第五篇　行政事业、社团及其他单位财务状况

5-01 分行业服务业行政事业及非企业法人单位主要指标 …… 147
5-02 分设区市信息传输、软件和信息技术服务业行政事业及非企业法人单位主要指标 …… 149
5-03 分设区市租赁和商务服务业行政事业及非企业法人单位主要指标 …… 149
5-04 分设区市科学研究和技术服务业行政事业及非企业法人单位主要指标 …… 150
5-05 分设区市水利、环境和公共设施管理业行政事业及非企业法人单位主要指标 …… 150
5-06 分设区市居民服务、修理和其他服务业行政事业及非企业法人单位主要指标 …… 151
5-07 分设区市教育行政事业及非企业法人单位主要指标 …… 151
5-08 分设区市卫生和社会工作行政事业及非企业法人单位主要指标 …… 152
5-09 分设区市文化、体育和娱乐业行政事业及非企业法人单位主要指标 …… 152
5-10 分设区市公共管理、社会保障和社会组织行政事业及非企业法人单位主要指标 …… 152

第六篇　企业信息化和电子商务交易情况

6-01　分行业企业使用计算机情况 …… 154
6-02　分设区市企业使用计算机情况 …… 157
6-03　分行业企业信息化管理情况 …… 158
6-04　分设区市企业信息化管理情况 …… 164
6-05　分行业企业使用网络情况 …… 166
6-06　分设区市企业使用网络情况 …… 169
6-07　分行业企业建网站情况 …… 170
6-08　分设区市企业建网站情况 …… 173
6-09　分行业企业通过互联网开展活动情况 …… 174
6-10　分设区市企业通过互联网开展活动情况 …… 186
6-11　分行业企业互联网宣传和推广情况 …… 188
6-12　分设区市企业互联网宣传和推广情况 …… 194
6-13　分行业企业开展电子商务交易情况 …… 196
6-14　分设区市企业开展电子商务交易情况 …… 202
6-15　分行业企业电子商务交易平台情况 …… 204
6-16　分设区市企业电子商务交易平台情况 …… 207

附　录

主要指标解释 …… 211

第1篇

批发和零售业基本情况及财务状况

A.行业部分

1-A-01　批发业法人企业基本情况

项　　目	法人单位数 (个)	年末从业人数 (人)
总　计	**66696**	**693729**
按行业分组		
农、林、牧产品批发	2283	31774
谷物、豆及薯类批发	318	5195
种子批发	170	1761
饲料批发	392	3269
棉、麻批发	27	243
林业产品批发	423	7158
牲畜批发	264	4245
其他农牧产品批发	689	9903
食品、饮料及烟草制品批发	9576	141721
米、面制品及食用油批发	720	8962
糕点、糖果及糖批发	315	3131
果品、蔬菜批发	2094	46825
肉、禽、蛋、奶及水产品批发	1224	17799
盐及调味品批发	161	2101
营养和保健品批发	314	3537
酒、饮料及茶叶批发	2745	28962
烟草制品批发	83	11839
其他食品批发	1920	18565
纺织、服装及家庭用品批发	12152	126919
纺织品、针织品及原料批发	2625	22710
服装批发	3283	34805
鞋帽批发	1415	19566
化妆品及卫生用品批发	638	5737
厨房、卫生间用具及日用杂货批发	1156	10903
灯具、装饰物品批发	404	3082
家用电器批发	1220	16437
其他家庭用品批发	1411	13679
文化、体育用品及器材批发	2842	25766
文具用品批发	749	5662
体育用品及器材批发	272	2761
图书批发	80	1392
报刊批发	12	253
音像制品及电子出版物批发	29	309
首饰、工艺品及收藏品批发	1384	12674
其他文化用品批发	316	2715
医药及医疗器材批发	1087	20632
西药批发	206	8843
中药批发	115	4026
医疗用品及器材批发	766	7763
矿产品、建材及化工产品批发	18594	176629
煤炭及制品批发	475	7152
石油及制品批发	979	16643
非金属矿及制品批发	452	4119
金属及金属矿批发	2449	26727
建材批发	10142	82843
化肥批发	930	10795
农药批发	316	3127
农用薄膜批发	15	152
其他化工产品批发	2836	25071

1-A-01 续表

项 目	法人单位数(个)	年末从业人数(人)
机械设备、五金产品及电子产品批发	13764	118552
农业机械批发	490	4155
汽车批发	298	4406
汽车零配件批发	898	8968
摩托车及零配件批发	127	1234
五金产品批发	2737	21328
电气设备批发	1142	9912
计算机、软件及辅助设备批发	1282	12216
通讯及广播电视设备批发	465	5237
其他机械设备及电子产品批发	6325	51096
贸易经纪与代理	3165	23389
贸易代理	2470	17444
拍卖	142	1236
其他贸易经纪与代理	553	4709
其他批发业	3233	28347
再生物资回收与批发	942	8416
其他未列明批发业	2291	19931
按登记注册类型分组		
内资企业	65693	672110
国有企业	752	23104
集体企业	751	10954
股份合作企业	223	2006
联营企业	98	1120
国有联营企业	22	343
集体联营企业	38	453
国有与集体联营企业	7	135
其他联营企业	31	189
有限责任公司	14614	174895
国有独资公司	170	10289
其他有限责任公司	14444	164606
股份有限公司	925	18678
私营企业	43203	375458
私营独资企业	4859	32573
私营合伙企业	1049	7652
私营有限责任公司	36428	327008
私营股份有限公司	867	8225
其他企业	5127	65895
港、澳、台商投资企业	607	11891
合资经营企业	124	2758
合作经营企业	9	118
独资经营企业	444	8340
投资股份有限公司	22	594
其他港澳台商投资企业	8	81
外商投资企业	396	9728
中外合资经营企业	79	2340
中外合作经营企业	4	37
外资企业	258	5888
外商投资股份有限公司	27	980
其他外商投资企业	28	483

1-A-02 限额以上批发业法人企业基本情况

项 目	法人企业数(个)	从业人员期末人数(人)	商品购进额(万元)	商品销售额(万元)	#批发额	期末商品库存额(万元)
总 计	**4387**	**160298**	**119000086**	**126301157**	**119627730**	**8492227**
按行业分组						
农、林、牧产品批发	100	3833	1097408	1148659	1120326	465917
谷物、豆及薯类批发	25	1180	616429	624963	619717	328591
种子批发	7	245	42287	45958	45955	6441
饲料批发	42	722	291141	304834	293773	115544
棉、麻批发	3	45	15268	14524	14524	1239
林业产品批发	8	252	48914	56220	54930	6091
牲畜批发	5	95	25128	27139	22365	52
其他农牧产品批发	10	1294	58242	75021	69063	7959
食品、饮料及烟草制品批发	462	38979	13700088	16261028	15788652	1453685
米、面制品及食用油批发	80	2681	1891478	2036145	1949555	249076
糕点、糖果及糖批发	15	436	216138	224252	219341	10267
果品、蔬菜批发	87	6900	1052920	1151861	981404	43171
肉、禽、蛋、奶及水产品批发	93	4269	698022	982876	883115	28931
盐及调味品批发	14	750	105901	138350	136005	11594
营养和保健品批发	10	521	67978	97227	90124	8498
酒、饮料及茶叶批发	85	8504	1000414	1274478	1192057	173651
烟草制品批发	19	10987	7762370	9384985	9379259	843369
其他食品批发	59	3931	904866	970854	957792	85129
纺织、服装及家庭用品批发	1136	37819	19932823	21294853	20563149	1185038
纺织品、针织品及原料批发	486	7349	4804153	5638898	5568821	215462
服装批发	243	9323	6684901	7367338	7197513	289522
鞋帽批发	203	9496	5102068	5460974	5228113	285792
化妆品及卫生用品批发	19	672	136169	147160	124756	11104
厨房、卫生间用具及日用杂货批发	25	827	126699	155410	146195	11394
灯具、装饰物品批发	10	288	44792	48860	48277	5421
家用电器批发	88	6412	2301382	1622901	1417482	321351
其他家庭用品批发	62	3452	732661	853313	831992	44992
文化、体育用品及器材批发	106	4096	1164583	1324504	1241890	77813
文具用品批发	30	521	289193	377127	362540	12518
体育用品及器材批发	8	178	90483	89805	88208	4538
图书批发	5	544	39639	49247	42585	8163
报刊批发						
音像制品及电子出版物批发						
首饰、工艺品及收藏品批发	46	2233	576464	618384	569158	28700
其他文化用品批发	17	620	168805	189940	179399	23894
医药及医疗器材批发	135	9023	2494184	2735365	2499973	231443
西药批发	87	6382	1923909	2072917	1942648	188047
中药批发	30	2033	439460	492086	403326	27446
医疗用品及器材批发	18	608	130814	170362	154000	15950
矿产品、建材及化工产品批发	1746	44433	66510821	68813076	64185703	3857412
煤炭及制品批发	132	3183	3826145	4111348	4057150	152481
石油及制品批发	217	10332	19167407	19664191	15612006	391865
非金属矿及制品批发	30	533	294591	343392	337958	38307
金属及金属矿批发	502	12149	24650265	25394143	25164521	2123188
建材批发	436	8927	8462228	8879881	8657583	484721
化肥批发	61	1588	1064490	1114870	1101471	149171
农药批发	11	416	283278	289300	289114	6188
农用薄膜批发						
其他化工产品批发	357	7305	8762418	9015951	8965901	511492

1-A-02 续表

项目	法人企业数(个)	从业人员期末人数(人)	商品购进额(万元)	商品销售额(万元)	#批发额	期末商品库存额(万元)
机械设备、五金产品及电子产品批发	509	15910	6911002	7359446	6930851	834836
农业机械批发	27	545	88786	93533	87602	11868
汽车批发	95	2562	747652	787180	690875	72466
汽车零配件批发	44	1705	408912	476156	418752	37447
摩托车及零配件批发	9	315	144148	183181	179385	120826
五金产品批发	64	1285	801341	757094	732341	120819
电气设备批发	41	993	698973	686113	672160	29491
计算机、软件及辅助设备批发	55	2374	1480531	1569199	1474533	106388
通讯及广播电视设备批发	37	1656	461631	513215	470163	53934
其他机械设备及电子产品批发	137	4475	2079026	2293775	2205042	281599
贸易经纪与代理	45	2098	1390759	1508200	1507734	73511
贸易代理	42	1192	837602	995487	995021	32526
拍卖						
其他贸易经纪与代理	3	906	553156	512713	512713	40985
其他批发业	148	4107	5798419	5856026	5789452	312572
再生物资回收与批发	48	825	570176	601943	600930	26806
其他未列明批发业	100	3282	5228243	5254082	5188523	285766
按登记注册类型分组						
内资企业	4266	149592	108999599	115442699	111639722	7762082
国有企业	97	13811	6618297	8290894	8248067	455868
集体企业	33	925	415898	461992	447859	73324
股份合作企业	4	110	80331	81102	78046	3072
联营企业						
国有联营企业						
集体联营企业						
国有与集体联营企业						
其他联营企业						
有限责任公司	1571	62127	52643433	54031961	52928741	3948458
国有独资公司	75	9058	12400507	12543885	12461248	1320299
其他有限责任公司	1496	53069	40242925	41488077	40467493	2628159
股份有限公司	62	9958	16696696	17153534	16107909	1347365
私营企业	2486	62218	32466303	35324277	33752022	1928749
私营独资企业	11	223	28397	42084	39227	3524
私营合伙企业	3	313	68768	69762	55551	3418
私营有限责任公司	2431	59949	31723092	34501446	32997227	1876786
私营股份有限公司	41	1733	646047	710985	660017	45021
其他企业	13	443	78640	98940	77079	5247
港、澳、台商投资企业	77	5481	3187867	3370627	3293368	409297
与港澳台商合资经营企业	15	1326	438594	465921	453060	16368
与港澳台商合作经营企业						
港澳台商独资企业	61	3725	2687377	2813979	2749582	392929
港澳台商投资股份有限公司	1	430	61896	90727	90727	
其他港澳台投资企业						
外商投资企业	44	5225	6812621	7487831	4694640	320848
中外合资经营企业	16	1591	5455189	5973829	3200370	134140
中外合作经营企业						
外资企业	24	3007	1220244	1375183	1371941	182821
外商投资股份有限公司	3	621	128173	129505	113015	3886
其他外商投资企业	1	6	9014	9314	9314	

1-A-03 批发业法人企业财务状况

单位：万元

项 目	营业收入	#主营业务收入	资产总计
总 计	**157239668**	**156164539**	**118352726**
按行业分组			
农、林、牧产品批发	2328559	2320408	2304371
谷物、豆及薯类批发	715781	713953	929448
种子批发	135739	135417	130468
饲料批发	670247	667734	453472
棉、麻批发	43239	42586	34222
林业产品批发	324715	324170	327994
牲畜批发	83141	82154	84911
其他农牧产品批发	355698	354393	343855
食品、饮料及烟草制品批发	18342485	17911611	11773522
米、面制品及食用油批发	2261679	2252899	1641799
糕点、糖果及糖批发	404935	403761	369310
果品、蔬菜批发	2168076	2160779	1240330
肉、禽、蛋、奶及水产品批发	1584390	1575898	1453547
盐及调味品批发	187613	186929	199221
营养和保健品批发	175263	173742	126012
酒、饮料及茶叶批发	1781688	1768656	1483929
烟草制品批发	8038505	7656735	4086247
其他食品批发	1740335	1732212	1173126
纺织、服装及家庭用品批发	28825894	28585876	20585061
纺织品、针织品及原料批发	7474247	7436777	3801282
服装批发	10375131	10344394	7531777
鞋帽批发	6376185	6318179	5283707
化妆品及卫生用品批发	331384	329399	186930
厨房、卫生间用具及日用杂货批发	694206	691120	625520
灯具、装饰物品批发	173949	173083	180109
家用电器批发	1915805	1900866	1403449
其他家庭用品批发	1484988	1392057	1572288
文化、体育用品及器材批发	2327619	2314289	2197564
文具用品批发	660277	658886	555267
体育用品及器材批发	177059	176732	105010
图书批发	89062	85484	187475
报刊批发	2148	2148	4239
音像制品及电子出版物批发	7568	7498	13705
首饰、工艺品及收藏品批发	1144528	1137304	1146670
其他文化用品批发	246977	246237	185198
医药及医疗器材批发	3100706	3088762	2360852
西药批发	1969722	1960810	1624531
中药批发	508574	507388	295591
医疗用品及器材批发	622410	620564	440730
矿产品、建材及化工产品批发	79141170	78925930	56654774
煤炭及制品批发	4626680	4617752	2435324
石油及制品批发	18209230	18141013	6624168
非金属矿及制品批发	1018810	1005152	1205560
金属及金属矿批发	26235526	26216854	20230145
建材批发	15319338	15254129	17145085
化肥批发	1542754	1531833	883702
农药批发	351858	351412	194253
农用薄膜批发	8022	7972	4052
其他化工产品批发	11828952	11799812	7932486

1-A-03 续表

单位：万元

项　　目	营业收入	#主营业务收入	资产总计
机械设备、五金产品及电子产品批发	12686281	12576620	12834619
农业机械批发	227438	225742	224189
汽车批发	845400	840867	666082
汽车零配件批发	825920	822129	693917
摩托车及零配件批发	292889	292697	128502
五金产品批发	1847691	1820805	2315651
电气设备批发	1090600	1075620	1304252
计算机、软件及辅助设备批发	1854804	1848217	1100161
通讯及广播电视设备批发	638636	612688	698348
其他机械设备及电子产品批发	5062903	5037855	5703518
贸易经纪与代理	3119850	3089892	2712593
贸易代理	2366252	2337033	1981889
拍卖	48884	48841	113966
其他贸易经纪与代理	704715	704018	616737
其他批发业	7367103	7351152	6929371
再生物资回收与批发	1006720	1000386	1146584
其他未列明批发业	6360383	6350765	5782787
按登记注册类型分组			
内资企业	146387428	145477547	109384659
国有企业	8138565	8062794	5834595
集体企业	759170	753139	554306
股份合作企业	156001	154776	115248
联营企业	196213	195732	63506
国有联营企业	153580	153576	45012
集体联营企业	12128	12042	6936
国有与集体联营企业	26521	26176	8733
其他联营企业	3984	3939	2825
有限责任公司	57831920	57302036	40216184
国有独资公司	11297668	10940039	7645237
其他有限责任公司	46534252	46361996	32570947
股份有限公司	16038572	15986838	9485165
私营企业	61763042	61532160	51714122
私营独资企业	1721155	1714237	1568200
私营合伙企业	409819	405748	377550
私营有限责任公司	58472249	58255812	48502095
私营股份有限公司	1159818	1156364	1266277
其他企业	1503946	1490073	1401532
港、澳、台商投资企业	3880123	3747345	5400513
合资经营企业	678236	600049	988028
合作经营企业	3657	3656	74875
独资经营企业	3103734	3049145	4258921
投资股份有限公司	87740	87740	69032
其他港澳台商投资企业	6756	6756	9658
外商投资企业	6972118	6939647	3567554
中外合资经营企业	5229317	5203049	1444947
中外合作经营企业	431	344	1559
外资企业	1563156	1559189	1989405
外商投资股份有限公司	128316	126317	41583
其他外商投资企业	50897	50748	90061

1-A-04　限额以上批发业法人企业财务状况

单位：万元

项　　目	财务费用	营业利润	利润总额	应　交 所得税	应付职工 薪　酬	应　交 增值税
总　计	**509455**	**2438546**	**2604968**	**459214**	**1117332**	**952174**
按行业分组						
农、林、牧产品批发	20288	6903	23653	5544	17049	5100
谷物、豆及薯类批发	16028	-7869	10055	3214	7872	987
种子批发	-46	4847	4508	949	1564	77
饲料批发	2400	5027	4490	1089	2633	3036
棉、麻批发	245	342	168	28	124	23
林业产品批发	491	1642	990	27	1126	352
牲畜批发	58	1234	1235	8	241	16
其他农牧产品批发	1112	1679	2205	229	3490	609
食品、饮料及烟草制品批发	64084	849715	872134	186817	343295	307273
米、面制品及食用油批发	16199	-2505	3517	2055	14860	30711
糕点、糖果及糖批发	1669	-428	-80	527	1426	1961
果品、蔬菜批发	6829	36841	35980	4549	23641	6151
肉、禽、蛋、奶及水产品批发	12871	16473	18154	2096	13205	7822
盐及调味品批发	2724	4702	4889	1283	7136	3006
营养和保健品批发	116	9553	10292	2313	1989	2448
酒、饮料及茶叶批发	5827	12816	13814	4841	36870	23651
烟草制品批发	8407	756228	767390	163917	222570	220434
其他食品批发	9442	16035	18177	5237	21598	11088
纺织、服装及家庭用品批发	70940	510002	534876	75130	243235	143776
纺织品、针织品及原料批发	16852	201273	203100	8031	36194	19911
服装批发	18780	155870	169107	35091	59658	51545
鞋帽批发	24565	134752	138448	18668	94899	31065
化妆品及卫生用品批发	890	3542	1359	321	1971	2133
厨房、卫生间用具及日用杂货批发	644	1840	2470	438	2689	1407
灯具、装饰物品批发	137	-787	-752	45	1409	2887
家用电器批发	7706	15187	13929	3997	30072	26311
其他家庭用品批发	1368	-1676	7214	8538	16344	8516
文化、体育用品及器材批发	6443	27102	25329	1479	24225	8042
文具用品批发	2161	3051	2866	457	2542	1582
体育用品及器材批发	431	977	1267	272	722	442
图书批发	205	3430	4261	13	6011	1049
报刊批发						
音像制品及电子出版物批发						
首饰、工艺品及收藏品批发	3222	16216	15369	429	11598	3999
其他文化用品批发	425	3429	1566	308	3353	971
医药及医疗器材批发	18877	41693	42924	9667	39195	33468
西药批发	16296	32743	34502	7815	27204	27697
中药批发	1408	3000	2862	988	8771	2978
医疗用品及器材批发	1173	5950	5561	864	3221	2794
矿产品、建材及化工产品批发	251614	760235	885122	138741	319574	331769
煤炭及制品批发	24611	25864	26029	5801	22821	16362
石油及制品批发	24600	418030	426611	54868	97647	96136
非金属矿及制品批发	3165	1844	2287	817	2312	3919
金属及金属矿批发	114484	139799	208425	47511	104992	111440
建材批发	51052	111208	109808	11768	44952	69995
化肥批发	7198	5553	6402	850	8336	2203
农药批发	863	255	22	112	1708	375
农用薄膜批发						
其他化工产品批发	25643	57682	105539	17015	36807	31340

1-A-04 续表　　　　单位：万元

项　目	财务费用	营业利润	利润总额	应交所得税	应付职工薪酬	应交增值税
机械设备、五金产品及电子产品批发	25056	143684	114005	26790	84081	83483
农业机械批发	562	3163	3080	697	2151	1002
汽车批发	1217	12055	13316	3432	11701	6446
汽车零配件批发	1523	18862	10172	2618	6790	10779
摩托车及零配件批发	482	264	619	223	1171	213
五金产品批发	1068	32726	10630	2072	7634	2904
电气设备批发	5036	7560	6072	1174	5814	2714
计算机、软件及辅助设备批发	1953	18378	19908	3510	14015	24382
通讯及广播电视设备批发	6637	4391	6295	2108	6594	8891
其他机械设备及电子产品批发	6579	46285	43914	10956	28213	26154
贸易经纪与代理	5543	37982	39452	9795	9719	16864
贸易代理	3068	4832	6156	1185	7074	7556
拍卖						
其他贸易经纪与代理	2475	33151	33296	8610	2645	9308
其他批发业	46611	61231	67475	5252	36959	22398
再生物资回收与批发	4357	6785	7055	779	3296	15714
其他未列明批发业	42254	54446	60420	4473	33663	6684
按登记注册类型分组						
内资企业	500081	2106632	2263817	389958	967002	801648
国有企业	-719	640184	657865	165998	214776	200318
集体企业	1187	3234	3781	282	4053	873
股份合作企业	827	355	354	12	302	292
联营企业						
国有联营企业						
集体联营企业						
国有与集体联营企业						
其他联营企业						
有限责任公司	253350	679037	780361	108348	357139	297374
国有独资公司	87278	349946	433641	20166	76947	64824
其他有限责任公司	166073	329091	346719	88182	280192	232550
股份有限公司	25272	352138	372466	61852	128573	83579
私营企业	219402	422816	446832	53303	260978	219090
私营独资企业	66	1210	299	59	983	89
私营合伙企业	3407	974	985	78	815	288
私营有限责任公司	211203	410944	433709	50447	250326	213497
私营股份有限公司	4726	9688	11840	2719	8854	5215
其他企业	763	8869	2157	163	1180	123
港、澳、台商投资企业	4155	154948	155394	27322	73452	57017
与港澳台商合资经营企业	854	-145	3148	1854	7404	5704
与港澳台商合作经营企业						
港澳台商独资企业	3387	137092	134026	23916	62191	47630
港澳台商投资股份有限公司	-85	18000	18220	1552	3857	3682
其他港澳台投资企业						
外商投资企业	5219	176966	185757	41934	76879	93510
中外合资经营企业	9544	146982	152028	37103	48914	70327
中外合作经营企业						
外资企业	-4613	28644	32143	4179	25451	22490
外商投资股份有限公司	304	1444	1511	629	2440	650
其他外商投资企业	-16	-104	77	23	73	42

1-A-05　零售业法人企业基本情况

项　目	法人单位数(个)	年末从业人数(人)	年末零售营业面积(平方米)
总　计	**30795**	**422259**	**16417509**
按行业分组			
综合零售	2201	102438	4825254
百货零售	937	28637	2339960
超级市场零售	532	64479	2193851
其他综合零售	732	9322	291443
食品、饮料及烟草制品专门零售	6070	63417	1179190
粮油零售	305	5851	76618
糕点、面包零售	152	3378	25124
果品、蔬菜零售	309	6063	79071
肉、禽、蛋、奶及水产品零售	439	5113	122515
营养和保健品零售	249	1492	26087
酒、饮料及茶叶零售	3621	32528	678056
烟草制品零售	93	1832	20596
其他食品零售	902	7160	151123
纺织、服装及日用品专门零售	3970	41008	834339
纺织品及针织品零售	374	3857	86545
服装零售	1303	16557	349190
鞋帽零售	581	6432	100378
化妆品及卫生用品零售	372	2887	43613
钟表、眼镜零售	211	2549	29924
箱、包零售	77	687	9199
厨房用具及日用杂品零售	228	1506	37152
自行车零售	46	306	5903
其他日用品零售	778	6227	172435
文化、体育用品及器材专门零售	2039	17452	474765
文具用品零售	391	2315	45230
体育用品及器材零售	199	1903	33759
图书、报刊零售	137	2281	117930
音像制品及电子出版物零售	26	208	2672
珠宝首饰零售	373	3595	59162
工艺美术品及收藏品零售	706	5626	179697
乐器零售	67	525	12761
照相器材零售	34	213	4156
其他文化用品零售	106	786	19398
医药及医疗器材专门零售	1250	19079	352933
药品零售	1033	17034	300821
医疗用品及器材零售	217	2045	52112
汽车、摩托车、燃料及零配件专门零售	4936	84398	5329737
汽车零售	2140	51146	2654650

1-A-05 续表 1

项　　目	法人单位数 (个)	年末从业人数 (人)	年末零售营业面积 (平方米)
汽车零配件零售	812	6843	249061
摩托车及零配件零售	471	3912	123310
机动车燃料零售	1513	22497	2302716
家用电器及电子产品专门零售	3986	42942	1199036
家用视听设备零售	304	3552	78885
日用家电设备零售	945	14743	750980
计算机、软件及辅助设备零售	1121	9427	120950
通信设备零售	491	8291	132043
其他电子产品零售	1125	6929	116178
五金、家具及室内装饰材料专门零售	4145	31223	1684451
五金零售	1280	7645	169390
灯具零售	193	1192	45260
家具零售	1001	9848	917316
涂料零售	214	1173	31868
卫生洁具零售	131	1017	38635
木质装饰材料零售	175	1306	41653
陶瓷、石材装饰材料零售	497	4417	191364
其他室内装饰材料零售	654	4625	248965
货摊、无店铺及其他零售业	2198	20302	537804
货摊食品零售	16	85	1657
货摊纺织、服装及鞋零售	16	171	2075
货摊日用品零售	11	81	979
互联网零售	665	6760	63740
邮购及电视、电话零售	22	255	1615
旧货零售	21	108	6293
生活用燃料零售	362	3770	223319
其他未列明零售业	1085	9072	238126
按登记注册类型分组			
内资企业	30531	372304	14156125
国有企业	287	7044	233312
集体企业	559	8475	264683
股份合作企业	128	1183	34149
联营企业	89	862	43219
国有联营企业	11	163	10099
集体联营企业	35	422	14519
国有与集体联营企业	7	31	2860
其他联营企业	36	246	15741
有限责任公司	6877	120844	5090415
国有独资公司	44	2278	51480
其他有限责任公司	6833	118566	5038935

1-A-05　续表 2

项　　目	法人单位数(个)	年末从业人数(人)	年末零售营业面积(平方米)
股份有限公司	556	14362	1085199
私营企业	19621	197253	6805511
私营独资企业	4819	30096	1172315
私营合伙企业	841	6320	226105
私营有限责任公司	13535	155771	5087730
私营股份有限公司	426	5066	319361
其他企业	2414	22281	599637
港、澳、台商投资企业	149	28216	622214
合资经营企业	35	1770	53850
合作经营企业	4	23	9012
独资经营企业	97	7588	146209
投资股份有限公司	5	8977	3726
其他港澳台商投资企业	8	9858	409417
外商投资企业	115	21739	1639170
中外合资经营企业	29	8558	1001496
中外合作经营企业	4	347	7879
外资企业	71	12748	625849
外商投资股份有限公司	4	42	913
其他外商投资企业	7	44	3033
按零售业态分组			
有店铺零售	28996	407780	16281587
食杂店	608	4595	95038
便利店	1395	11205	284013
折扣店	69	323	7616
超市	965	29501	881632
大型超市	83	51134	2070814
仓储会员店	203	1647	64577
百货店	1490	31520	2055248
专业店	12240	139935	5710611
专卖店	8234	104673	3492930
家居建材商店	1598	13464	962394
购物中心	94	1205	51398
厂家直销中心	2017	18578	605316
无店铺零售	1782	14335	135734
电视购物	12	187	1573
邮购	46	444	3973
网上商店	1371	11959	113333
自动售货亭	15	60	3510
电话购物	338	1685	13345

1-A-06 限额以上零售业法人企业基本情况

项目	法人企业数(个)	从业人员期末人数(人)	商品购进额(万元)	商品销售额(万元)	#批发额	期末商品库存额(万元)
总计	**3383**	**217203**	**26952336**	**33991847**	**2576947**	**2749893**
按行业分组						
综合零售	448	74032	5038940	5777703	52916	420932
百货零售	124	20408	1668661	2162365	10954	155813
超级市场零售	257	50758	3181292	3415540	19529	251689
其他综合零售	67	2866	188986	199798	22433	13431
食品、饮料及烟草制品专门零售	537	25139	1689842	1931175	120510	198387
粮油零售	27	3670	247330	252700	8948	66792
糕点、面包零售	16	2413	34032	71009	1145	2233
果品、蔬菜零售	24	1942	73085	75525	6161	3079
肉、禽、蛋、奶及水产品零售	53	1978	173960	194728	17465	6945
营养和保健品零售	10	274	43375	54217	3402	1989
酒、饮料及茶叶零售	352	12244	875241	1000717	73438	92480
烟草制品零售	14	1300	133401	162365	2751	17216
其他食品零售	41	1318	109418	119914	7199	7654
纺织、服装及日用品专门零售	262	15371	1079978	1249483	81540	401047
纺织品及针织品零售	25	1469	107386	125851	4402	18467
服装零售	91	8204	436751	487056	33782	176592
鞋帽零售	78	2029	204388	236793	21054	148763
化妆品及卫生用品零售	13	851	87149	96137	4530	6963
钟表、眼镜零售	9	831	11635	22049	365	2323
箱、包零售	4	301	31652	39843	120	7927
厨房用具及日用杂品零售	8	120	4930	5184	1091	662
自行车零售	1	30	15620	15728		870
其他日用品零售	33	1536	180468	220843	16197	38481
文化、体育用品及器材专门零售	123	4401	799511	1219749	222783	122858
文具用品零售	14	254	29468	31168	9153	2387
体育用品及器材零售	2	79	2197	2458		516
图书、报刊零售	7	1023	106016	397537	184249	43538
音像制品及电子出版物零售						
珠宝首饰零售	39	1297	162954	209792	23125	38789
工艺美术品及收藏品零售	47	1423	475167	549466	1522	33284
乐器零售	4	75	5812	6253	2106	774
照相器材零售	4	60	7670	7880	1262	1296
其他文化用品零售	6	190	10227	15197	1366	2275
医药及医疗器材专门零售	122	10077	1008898	1204026	219349	98409
药品零售	112	9571	966758	1156173	219349	90991
医疗用品及器材零售	10	506	42139	47852		7418
汽车、摩托车、燃料及零配件专门零售	1072	57954	13215649	17981529	1536950	1119591
汽车零售	721	39587	9691549	10360250	414126	1030309

1-A-06　续表 1

项　　目	法　人 企业数 (个)	从业人员 期末人数 (人)	商　品 购进额 (万元)	商　品 销售额 (万元)	#批发额	期末商品 库 存 额 (万元)
汽车零配件零售	36	1582	225556	245978	32978	11222
摩托车及零配件零售	107	1697	175510	188245	8557	28616
机动车燃料零售	208	15088	3123034	7187056	1081290	49444
家用电器及电子产品专门零售	436	19674	2219344	2459114	179442	214115
家用视听设备零售	56	1754	175158	182731	12537	21189
日用家电设备零售	231	9736	1181356	1300860	59964	103614
计算机、软件及辅助设备零售	106	2976	479815	499144	18382	39574
通信设备零售	35	5014	190127	203317	33848	28629
其他电子产品零售	8	194	192889	273062	54711	21110
五金、家具及室内装饰材料专门零售	240	5563	1199123	1318880	42551	90784
五金零售	42	811	81740	92754	8803	6741
灯具零售	7	92	29181	30685		1711
家具零售	87	2876	809135	903019	10249	64342
涂料零售	1	8	1263	1220		43
卫生洁具零售	7	85	7857	8042		537
木质装饰材料零售	12	120	12416	12970	220	442
陶瓷、石材装饰材料零售	35	603	70637	77547	10325	4665
其他室内装饰材料零售	49	968	186895	192642	12954	12304
货摊、无店铺及其他零售业	143	4992	701051	850189	120906	83771
货摊食品零售						
货摊纺织、服装及鞋零售						
货摊日用品零售	1	5	647	777		50
互联网零售	47	2021	197761	266925	71358	39094
邮购及电视、电话零售						
旧货零售	2	19	1250	1521		176
生活用燃料零售	48	1167	85821	92555	12813	3657
其他未列明零售业	45	1780	415573	488412	36735	40794
按登记注册类型分组						
内资企业	3280	178922	23491705	27146648	1644026	2459798
国有企业	39	3621	564553	872477	68479	21296
集体企业	69	2308	220165	234086	28849	11836
股份合作企业	3	74	7513	7512	2749	3830
联营企业	4	147	33745	37213		444
国有联营企业	2	98	31225	34709		309
集体联营企业						
国有与集体联营企业						
其他联营企业	2	49	2520	2504		135
有限责任公司	1217	78512	10754342	12417786	771567	1185481
国有独资公司	15	1553	288381	312075	39167	19983
其他有限责任公司	1202	76959	10465961	12105711	732400	1165499

1-A-06 续表 2

项 目	法人企业数（个）	从业人员期末人数（人）	商品购进额（万元）	商品销售额（万元）	#批发额	期末商品库存额（万元）
股份有限公司	69	10000	2275029	2856601	252680	146405
私营企业	1834	80394	9343737	10368056	514367	1063302
私营独资企业	173	3281	278206	295929	5943	20967
私营合伙企业	34	1005	88065	103449		8410
私营有限责任公司	1590	74278	8577131	9562042	494533	1011124
私营股份有限公司	37	1830	400336	406636	13891	22800
其他企业	45	3866	292621	352917	5336	27203
港、澳、台商投资企业	38	17751	1272600	1329177	25352	116567
与港澳台商合资经营企业	13	1288	184085	225616	6445	40574
与港澳台商合作经营企业						
港澳台商独资企业	24	6646	325545	367577	18907	49006
港澳台商投资股份有限公司						
其他港澳台投资企业	1	9817	762970	735983		26986
外商投资企业	65	20530	2188032	5516023	907570	173529
中外合资经营企业	19	8461	1053792	4162103	851727	61781
中外合作经营企业	3	331	140346	173329	49024	7686
外资企业	43	11738	993894	1180591	6818	104062
外商投资股份有限公司						
其他外商投资企业						
按零售业态分组						
有店铺零售	3270	213044	26436691	33298637	2460915	2551357
食杂店	18	781	26380	54051	6948	2184
便利店	64	2997	178460	186067	8426	10803
折扣店						
超市	256	20053	1120181	1187970	18757	125991
大型超市	74	42004	3091222	3218739	11387	292057
仓储会员店	4	116	5698	6999	596	850
百货店	147	19251	1206007	1795943	30140	136492
专业店	1458	65912	9998659	14842801	1885376	845159
专卖店	1070	55074	9233177	10252724	417706	1007117
家居建材商店	101	3061	851954	945695	19555	64336
购物中心	11	451	39781	40218	3259	4263
厂家直销中心	67	3344	685172	767429	58767	62106
无店铺零售	113	4159	515645	693210	116032	198536
电视购物						
邮购	2	176	25126	30081		335
网上商店	107	3889	482783	653571	115084	197934
自动售货亭	1	1				
电话购物	3	93	7736	9558	948	267

1-A-07　零售业法人企业财务状况

单位：万元

项　　目	营业收入	#主营业务收入	资产总计
总　计	**33501523**	**33145701**	**20510984**
按行业分组			
综合零售	6215551	6086120	4199098
百货零售	2078116	2006537	1628571
超级市场零售	3796074	3743704	2321278
其他综合零售	341361	335879	249249
食品、饮料及烟草制品专门零售	2679947	2641300	1776618
粮油零售	274804	273834	173893
糕点、面包零售	83925	82861	52156
果品、蔬菜零售	127653	126484	104360
肉、禽、蛋、奶及水产品零售	251318	250250	200658
营养和保健品零售	84474	84167	33157
酒、饮料及茶叶零售	1471900	1441261	901669
烟草制品零售	153438	151812	71989
其他食品零售	232435	230632	238735
纺织、服装及日用品专门零售	1898172	1884598	1367768
纺织品及针织品零售	199394	197950	161498
服装零售	675364	669082	464815
鞋帽零售	386932	385619	271943
化妆品及卫生用品零售	131185	130669	79914
钟表、眼镜零售	62278	60598	64038
箱、包零售	46276	46237	23222
厨房用具及日用杂品零售	42344	41923	39226
自行车零售	24288	24282	7221
其他日用品零售	330111	328238	255890
文化、体育用品及器材专门零售	1542586	1528508	1296792
文具用品零售	85445	85264	77464
体育用品及器材零售	28141	27777	130602
图书、报刊零售	353818	342780	468711
音像制品及电子出版物零售	11465	11433	11422
珠宝首饰零售	297031	296668	234285
工艺美术品及收藏品零售	709392	708016	304551
乐器零售	18422	18071	16728
照相器材零售	11362	11280	15803
其他文化用品零售	27510	27218	37226
医药及医疗器材专门零售	1363841	1353371	833117
药品零售	1269677	1260166	762056
医疗用品及器材零售	94164	93205	71061
汽车、摩托车、燃料及零配件专门零售	13544489	13435168	6533763
汽车零售	9960438	9874291	4949417

1-A-07 续表 1　　单位：万元

项　目	营业收入	#主营业务收入	资产总计
汽车零配件零售	399541	394838	337456
摩托车及零配件零售	262754	262090	172031
机动车燃料零售	2921756	2903949	1074858
家用电器及电子产品专门零售	2937186	2910240	1941199
家用视听设备零售	240600	240270	140562
日用家电设备零售	1332877	1321952	724930
计算机、软件及辅助设备零售	650863	644184	505199
通信设备零售	290426	282671	219301
其他电子产品零售	422420	421163	351207
五金、家具及室内装饰材料专门零售	2030134	2021116	1557522
五金零售	322318	320589	351832
灯具零售	62365	61806	105497
家具零售	1062614	1060482	558327
涂料零售	39507	38954	54941
卫生洁具零售	40017	39897	26095
木质装饰材料零售	45871	45757	54954
陶瓷、石材装饰材料零售	183682	183072	229897
其他室内装饰材料零售	273761	270559	175979
货摊、无店铺及其他零售业	1289618	1285280	1005107
货摊食品零售	2454	2451	1011
货摊纺织、服装及鞋零售	2825	2825	15920
货摊日用品零售	1700	1700	1113
互联网零售	362013	361566	253188
邮购及电视、电话零售	18236	18236	3011
旧货零售	3817	3817	3736
生活用燃料零售	198259	196620	167960
其他未列明零售业	700314	698064	559167
按登记注册类型分组			
内资企业	30087382	29762723	18095006
国有企业	620103	615830	364682
集体企业	369406	365501	145012
股份合作企业	41146	40896	29697
联营企业	69664	69544	25366
国有联营企业	42965	42965	7869
集体联营企业	15849	15849	10652
国有与集体联营企业	1267	1267	1039
其他联营企业	9583	9463	5806
有限责任公司	12727814	12578527	7225272
国有独资公司	293038	288815	163818
其他有限责任公司	12434776	12289712	7061454

1-A-07　续表 2　　单位：万元

项　　目	营业收入	#主营业务收入	资产总计
股份有限公司	2443801	2413624	1509784
私营企业	13094952	12967399	8252615
私营独资企业	1100896	1092866	744149
私营合伙企业	266177	264712	135759
私营有限责任公司	11262797	11152586	7151136
私营股份有限公司	465083	457235	221572
其他企业	720497	711401	542577
港、澳、台商投资企业	1952923	1935688	1631834
合资经营企业	210803	204494	146346
合作经营企业	24044	22704	3056
独资经营企业	387294	377707	285115
投资股份有限公司	665341	665341	367049
其他港澳台商投资企业	665441	665441	830267
外商投资企业	1461218	1447290	784145
中外合资经营企业	233938	233650	173041
中外合作经营企业	152180	150434	51212
外资企业	1067076	1055183	556102
外商投资股份有限公司	6156	6156	1434
其他外商投资企业	1867	1867	2356
按零售业态分组			
有店铺零售	32558366	32204280	19858551
食杂店	120713	119099	150785
便利店	379869	371625	283972
折扣店	12031	11999	13588
超市	1263378	1249337	595925
大型超市	3463446	3408955	2276106
仓储会员店	55063	54409	85211
百货店	1903583	1843756	1632669
专业店	12414100	12321831	7277485
专卖店	10513914	10401569	5973446
家居建材商店	1209769	1205651	628541
购物中心	65482	65055	49666
厂家直销中心	1157019	1150994	891159
无店铺零售	933679	932029	642784
电视购物	16760	16760	2868
邮购	36293	36289	14765
网上商店	818662	817275	487995
自动售货亭	4181	4167	9178
电话购物	57783	57539	127979

1-A-08 限额以上零售业法人企业财务状况

单位：万元

项目	财务费用	营业利润	利润总额	应交所得税	应付职工薪酬	应交增值税
总计	**172602**	**674803**	**595685**	**105593**	**835709**	**386209**
按行业分组						
综合零售	29394	117758	126222	25221	261310	105701
百货零售	11459	35568	34681	13341	90413	49298
超级市场零售	17489	76705	85665	10850	163201	54293
其他综合零售	446	5486	5877	1030	7696	2109
食品、饮料及烟草制品专门零售	6786	102575	97297	16623	82193	52171
粮油零售	669	1370	3516	207	5753	799
糕点、面包零售	427	5199	5145	861	6765	1236
果品、蔬菜零售	259	5255	5001	1150	4963	628
肉、禽、蛋、奶及水产品零售	903	7477	4907	285	5480	504
营养和保健品零售	179	4367	4367	901	1456	1489
酒、饮料及茶叶零售	3697	64114	60011	10421	46048	35326
烟草制品零售	370	10156	9530	2295	8493	10180
其他食品零售	283	4638	4819	503	3234	2010
纺织、服装及日用品专门零售	7728	50560	54265	7574	64381	26337
纺织品及针织品零售	218	3952	4004	161	5318	1621
服装零售	4301	5551	7523	1094	39092	15388
鞋帽零售	936	12245	10907	2298	6816	1706
化妆品及卫生用品零售	438	6529	6596	636	3009	3953
钟表、眼镜零售	853	267	253	35	3203	930
箱、包零售	103	1094	198	49	812	38
厨房用具及日用杂品零售	3	450	391	36	343	68
自行车零售	27	399	399	29	110	
其他日用品零售	850	20075	23995	3238	5680	2634
文化、体育用品及器材专门零售	2269	70695	69515	2752	42500	17054
文具用品零售	363	890	399	125	980	655
体育用品及器材零售	1	3	4		193	7
图书、报刊零售	-654	12549	12872	79	30906	5770
音像制品及电子出版物零售						
珠宝首饰零售	1145	6593	6577	1318	4877	5681
工艺美术品及收藏品零售	1161	49538	48579	1019	4526	4729
乐器零售	7	31	43	9	187	19
照相器材零售	157	177	177	43	130	76
其他文化用品零售	88	914	866	159	702	118
医药及医疗器材专门零售	6680	46871	28782	4278	35541	11070
药品零售	6619	46544	28671	4086	33250	10238
医疗用品及器材零售	62	328	111	191	2291	832
汽车、摩托车、燃料及零配件专门零售	94573	192905	149764	36217	239302	133025
汽车零售	88359	112780	78345	28853	189079	84893

1-A-08　续表 1　　　　单位：万元

项　　目	财务费用	营业利润	利润总额	应　交 所得税	应付职工 薪　酬	应　交 增值税
汽车零配件零售	635	7605	8053	1750	6432	3702
摩托车及零配件零售	874	4681	4321	706	4980	1542
机动车燃料零售	4705	67839	59046	4908	38811	42887
家用电器及电子产品专门零售	13222	24992	22942	5974	69880	22306
家用视听设备零售	778	4097	3675	480	5745	1520
日用家电设备零售	4484	13611	10185	2180	33932	16240
计算机、软件及辅助设备零售	4747	8673	10764	2320	13760	4701
通信设备零售	2638	-2344	-2653	717	15051	783
其他电子产品零售	576	955	970	278	1392	-938
五金、家具及室内装饰材料专门零售	6629	52866	27236	4802	18720	10242
五金零售	518	4363	4610	714	2816	1691
灯具零售	999	-846	1026	117	338	194
家具零售	3402	42545	19445	2844	9108	4495
涂料零售		231	231	26	48	22
卫生洁具零售	11	1091	1091	248	328	167
木质装饰材料零售	69	652	276	24	394	113
陶瓷、石材装饰材料零售	643	1519	-1854	284	2090	1192
其他室内装饰材料零售	986	3311	2411	545	3598	2370
货摊、无店铺及其他零售业	5322	15581	19663	2152	21882	8304
货摊食品零售						
货摊纺织、服装及鞋零售						
货摊日用品零售		-7			23	
互联网零售	595	6411	6841	536	9793	5015
邮购及电视、电话零售						
旧货零售		72	72	18	60	3
生活用燃料零售	712	2177	2210	624	3970	1064
其他未列明零售业	4014	6927	10540	974	8035	2221
按登记注册类型分组						
内资企业	156186	567594	477340	88113	705025	332509
国有企业	1172	10106	12659	840	12731	2370
集体企业	473	5739	5332	504	5568	1849
股份合作企业	176	-150	-116	2	279	20
联营企业	73	1110	1103	300	543	455
国有联营企业	73	1011	1005	286	454	388
集体联营企业						
国有与集体联营企业						
其他联营企业		98	98	14	89	67
有限责任公司	67076	226404	201213	47787	329087	146324
国有独资公司	910	6355	6509	808	8278	2143
其他有限责任公司	66166	220048	194704	46979	320809	144181

1-A-08 续表 2 单位：万元

项　　目	财务费用	营业利润	利润总额	应　交 所得税	应付职工 薪　酬	应　交 增值税
股份有限公司	11886	53389	43045	5236	53145	45693
私营企业	73481	258023	204552	31279	284988	127704
私营独资企业	1455	13241	10933	1011	9225	3068
私营合伙企业	452	2896	2761	245	3269	859
私营有限责任公司	69696	236530	187162	29525	262393	112315
私营股份有限公司	1879	5355	3696	499	10102	11462
其他企业	1849	12973	9552	2166	18684	8095
港、澳、台商投资企业	10419	52355	62806	5598	67995	20582
与港澳台商合资经营企业	2255	185	3090	699	6535	7030
与港澳台商合作经营企业						
港澳台商独资企业	2095	-700	-1293	2321	25451	5456
港澳台商投资股份有限公司						
其他港澳台投资企业	6069	52871	61009	2579	36009	8096
外商投资企业	5997	54854	55539	11882	62690	33117
中外合资经营企业	1143	14844	15763	1336	7032	5434
中外合作经营企业	-5	11056	11079	2170	3083	4119
外资企业	4860	28955	28697	8376	52574	23564
外商投资股份有限公司						
其他外商投资企业						
按零售业态分组						
有店铺零售	169165	664076	580711	103992	818602	379786
食杂店	232	3473	3441	408	2260	1264
便利店	468	5014	4828	821	7491	2907
折扣店						
超市	3661	23366	21977	5181	45079	15096
大型超市	16686	62706	71675	8680	160164	53866
仓储会员店	1	348	312	21	572	41
百货店	11033	41688	46044	14495	87559	47179
专业店	57963	246697	207448	33303	270271	140152
专卖店	69204	230746	198863	33774	220630	108634
家居建材商店	3433	39032	12377	1990	9901	6149
购物中心	218	1192	1258	47	1530	1024
厂家直销中心	6266	9816	12489	5271	13147	3475
无店铺零售	3437	10727	14974	1602	17107	6423
电视购物						
邮购	3	230	191	48	794	598
网上商店	2550	11893	14520	1488	15799	5740
自动售货亭						
电话购物	884	-1396	263	66	514	86

B.地区部分

1-B-01　分设区市批发业法人企业基本情况

地　区	法人单位数 (个)	年末从业人数 (人)
全　省	**66696**	**693729**
福州市	16263	172864
#平潭	722	6025
厦门市	19791	187293
莆田市	3236	34443
三明市	3867	38376
泉州市	9734	102441
漳州市	4914	62351
南平市	2491	22927
龙岩市	2615	40511
宁德市	3785	32523

1-B-02　分设区市批发业法人企业基本情况(按国民经济行业分)

(农、林、牧产品批发)

地　区	法人单位数 (个)	年末从业人数 (人)
全　省	**2283**	**31774**
福州市	340	3182
#平潭	26	198
厦门市	306	3622
莆田市	95	1026
三明市	222	3567
泉州市	125	1049
漳州市	345	3694
南平市	179	1765
龙岩市	560	12815
宁德市	111	1054

1-B-02 续表 1

(食品、饮料及烟草制品批发)

地 区	法人单位数（个）	年末从业人数（人）
全 省	**9576**	**141721**
福州市	1739	22396
#平潭	145	1226
厦门市	2537	28665
莆田市	301	5259
三明市	520	9091
泉州市	871	13517
漳州市	1760	34214
南平市	557	8602
龙岩市	323	9457
宁德市	968	10520

1-B-02 续表 2

(纺织、服装及家庭用品批发)

地 区	法人单位数（个）	年末从业人数（人）
全 省	**12152**	**126919**
福州市	2961	32860
#平潭	77	598
厦门市	3902	41514
莆田市	844	8680
三明市	286	2399
泉州市	3096	33839
漳州市	417	2727
南平市	158	1215
龙岩市	204	1880
宁德市	284	1805

1-B-02　续表 3

(文化、体育用品及器材批发)

地　区	法人单位数 (个)	年末从业人数 (人)
全　省	**2842**	**25766**
福州市	894	8658
#平潭	16	117
厦门市	1112	10035
莆田市	326	2759
三明市	54	523
泉州市	219	2013
漳州市	118	706
南平市	40	331
龙岩市	33	291
宁德市	46	450

1-B-02　续表 4

(医药及医疗器材批发)

地　区	法人单位数 (个)	年末从业人数 (人)
全　省	**1087**	**20632**
福州市	480	7616
#平潭		
厦门市	237	3839
莆田市	47	847
三明市	50	1306
泉州市	92	2318
漳州市	72	2020
南平市	32	478
龙岩市	45	1590
宁德市	32	618

1-B-02 续表 5

(矿产品、建材及化工产品批发)

地 区	法人单位数(个)	年末从业人数(人)
全 省	**18594**	**176629**
福州市	4200	44635
#平潭	207	2019
厦门市	5030	44764
莆田市	1169	12342
三明市	1801	14395
泉州市	2299	24958
漳州市	1182	11681
南平市	771	5591
龙岩市	741	7393
宁德市	1401	10870

1-B-02 续表 6

(机械设备、五金产品及电子产品批发)

地 区	法人单位数(个)	年末从业人数(人)
全 省	**13764**	**118552**
福州市	4148	39005
#平潭	156	1173
厦门市	5279	43536
莆田市	299	2370
三明市	612	4561
泉州市	1309	12490
漳州市	619	4146
南平市	429	2825
龙岩市	492	4962
宁德市	577	4657

1-B-02　续表 7

(贸易经纪与代理)

地　区	法人单位数 (个)	年末从业人数 (人)
全　省	**3165**	**23389**
福州市	856	7986
#平潭	56	398
厦门市	384	2424
莆田市	92	678
三明市	152	1299
泉州市	1098	7299
漳州市	159	1096
南平市	152	915
龙岩市	127	743
宁德市	145	949

1-B-02　续表 8

(其他批发业)

地　区	法人单位数 (个)	年末从业人数 (人)
全　省	**3233**	**28347**
福州市	645	6526
#平潭	39	296
厦门市	1004	8894
莆田市	63	482
三明市	170	1235
泉州市	625	4958
漳州市	242	2067
南平市	173	1205
龙岩市	90	1380
宁德市	221	1600

1-B-03　分设区市批发业法人企业基本情况(按登记注册类型分)

(内资企业)

地　区	法人单位数(个)	年末从业人数(人)
全　省	**65693**	**672110**
福州市	16079	168361
#平潭	693	5807
厦门市	19186	174929
莆田市	3218	33849
三明市	3857	38070
泉州市	9609	100070
漳州市	4874	61809
南平市	2486	22793
龙岩市	2607	39974
宁德市	3777	32255

1-B-03　续表 1

(港、澳、台商投资企业)

地　区	法人单位数(个)	年末从业人数(人)
全　省	**607**	**11891**
福州市	121	2314
#平潭	29	218
厦门市	357	7126
莆田市	10	359
三明市	3	30
泉州市	80	1314
漳州市	25	454
南平市	2	19
龙岩市	3	36
宁德市	6	239

1-B-03　续表 2

(外商投资企业)

地　区	法人单位数 (个)	年末从业人数 (人)
全　省	**396**	**9728**
福州市	63	2189
#平潭		
厦门市	248	5238
莆田市	8	235
三明市	7	276
泉州市	45	1057
漳州市	15	88
南平市	3	115
龙岩市	5	501
宁德市	2	29

1-B-04　分设区市批发业法人企业财务状况

单位：万元

指标名称	营业收入	#主营业务收入	资产总计
全　省	**157239668**	**156164539**	**118352726**
福州市	38781549	38583394	31676681
#平潭	96379	95441	388726
厦门市	69956773	69355002	49538579
莆田市	7317038	7224135	6074230
三明市	5407082	5374938	4689036
泉州市	21046033	20996258	11909384
漳州市	5437475	5425004	6069360
南平市	2025543	1993627	1600774
龙岩市	4548348	4500306	3447884
宁德市	2719827	2711876	3346797

1-B-05 分地区批发业法人企业财务状况(按国民经济行业分)

(农、林、牧产品批发)　　单位：万元

地 区	营业收入	#主营业务收入	资产总计
全 省	**2328559**	**2320408**	**2304371**
福州市	666824	665214	844826
#平潭	1374	1369	7685
厦门市	521104	520485	386794
莆田市	171011	170800	105670
三明市	158707	157634	218409
泉州市	44569	44373	56199
漳州市	273482	272445	295436
南平市	85662	85436	145759
龙岩市	385861	382922	208508
宁德市	21339	21100	42769

1-B-05 续表 1

(食品、饮料及烟草制品批发)　　单位：万元

地 区	营业收入	#主营业务收入	资产总计
全 省	**18342485**	**17911611**	**11773522**
福州市	3103312	3090175	2399670
#平潭	18954	18893	29203
厦门市	7961742	7616530	4673515
莆田市	698554	695292	323941
三明市	945205	926533	603100
泉州市	1656366	1652252	1245486
漳州市	1883685	1878576	1119189
南平市	746467	725900	469120
龙岩市	678221	658615	394751
宁德市	668932	667737	544750

1-B-05　续表 2

(纺织、服装及家庭用品批发)　　单位：万元

地　　区	营业收入	#主营业务收入	资产总计
全　省	**28825894**	**28585876**	**20585061**
福州市	4486158	4453968	3793437
#平潭	4139	4139	14931
厦门市	13216277	13071888	10934455
莆田市	1652057	1598737	1185658
三明市	366763	365115	285920
泉州市	8409555	8403624	3843553
漳州市	178446	176578	163161
南平市	71359	71279	53356
龙岩市	352427	352179	203487
宁德市	92852	92508	122035

1-B-05　续表 3

(文化、体育用品及器材批发)　　单位：万元

地　　区	营业收入	#主营业务收入	资产总计
全　省	**2327619**	**2314289**	**2197564**
福州市	556595	551364	813164
#平潭	942	941	2229
厦门市	922203	920224	759879
莆田市	368988	363245	316787
三明市	28291	28129	31300
泉州市	353521	353409	206611
漳州市	72188	72141	39743
南平市	7140	7140	10014
龙岩市	12431	12404	13213
宁德市	6261	6233	6851

1-B-05 续表 4

(医药及医疗器材批发)　　单位：万元

地 区	营业收入	#主营业务收入	资产总计
全 省	**3100706**	**3088762**	**2360852**
福州市	1249393	1243921	709232
#平潭			
厦门市	620101	618852	383250
莆田市	194176	194148	524567
三明市	173760	169998	148440
泉州市	332126	331410	197121
漳州市	254772	254347	218945
南平市	32581	32541	33367
龙岩市	165277	165025	98893
宁德市	78520	78520	47035

1-B-05 续表 5

(矿产品、建材及化工产品批发)　　单位：万元

地 区	营业收入	#主营业务收入	资产总计
全 省	**79141170**	**78925930**	**56654774**
福州市	22113693	22021665	15444736
#平潭	53980	53190	161840
厦门市	36801607	36746563	23577592
莆田市	3767451	3739022	3267743
三明市	3262325	3256499	2966886
泉州市	7413368	7402123	4284285
漳州市	1939747	1937610	3320119
南平市	820795	811022	657030
龙岩市	1711224	1703542	1663669
宁德市	1310961	1307884	1472714

1-B-05　续表 6

(机械设备、五金产品及电子产品批发)　　单位：万元

地　区	营业收入	#主营业务收入	资产总计
全　省	**12686281**	**12576620**	**12834619**
福州市	3934651	3913232	3715483
#平潭	12629	12599	152204
厦门市	4950253	4901973	5686303
莆田市	282517	281252	238556
三明市	279943	279177	282739
泉州市	1377639	1356923	1026035
漳州市	265880	264801	257529
南平市	153195	152297	128838
龙岩市	1018285	1004830	657374
宁德市	423920	422136	841763

1-B-05　续表 7

(贸易经纪与代理)　　单位：万元

地　区	营业收入	#主营业务收入	资产总计
全　省	**3119850**	**3089892**	**2712593**
福州市	1229929	1205754	1130347
#平潭	2364	2359	14897
厦门市	384904	384637	442698
莆田市	118266	118074	81640
三明市	54858	54773	61385
泉州市	1061362	1056818	724447
漳州市	124495	124418	100218
南平市	46089	45877	48505
龙岩市	78539	78338	88194
宁德市	21409	21203	35159

1-B-05 续表 8

(其他批发业) 单位：万元

地 区	营业收入	#主营业务收入	资产总计
全 省	**7367103**	**7351152**	**6929371**
福州市	1440993	1438101	2825784
#平潭	1997	1951	5737
厦门市	4578581	4573851	2694092
莆田市	64019	63565	29668
三明市	137231	137080	90856
泉州市	397528	395327	325647
漳州市	444781	444087	555020
南平市	62254	62135	54786
龙岩市	146083	142451	119795
宁德市	95633	94555	233722

1-B-06 分设区市批发业法人企业财务状况(按登记注册类型分)

(内资企业) 单位：万元

地 区	营业收入	#主营业务收入	资产总计
全 省	**146387428**	**145477547**	**109384659**
福州市	33080884	32894780	29906649
#平潭	94906	93968	371397
厦门市	66599428	66104276	44104524
莆田市	6881928	6831842	5618516
三明市	5345243	5314773	4659202
泉州市	20332927	20283562	10996988
漳州市	5410516	5398179	6035544
南平市	2021331	1989415	1597590
龙岩市	4003975	3957374	3127320
宁德市	2711197	2703348	3338325

1-B-06　续表 1

(港、澳、台商投资企业)　　单位：万元

地　区	营业收入	#主营业务收入	资产总计
全　省	**3880123**	**3747345**	**5400513**
福州市	1156566	1152891	891198
#平潭	1473	1473	17330
厦门市	1726613	1640687	3251871
莆田市	349462	306645	410407
三明市	341	341	6151
泉州市	598747	598434	794245
漳州市	20528	20481	22868
南平市	485	485	834
龙岩市	19723	19723	15309
宁德市	7658	7658	7629

1-B-06　续表 2

(外商投资企业)　　单位：万元

地　区	营业收入	#主营业务收入	资产总计
全　省	**6972118**	**6939647**	**3567554**
福州市	4544099	4535724	878833
#平潭			
厦门市	1630732	1610039	2182184
莆田市	85648	85648	45307
三明市	61499	59825	23682
泉州市	114359	114261	118151
漳州市	6431	6344	10947
南平市	3727	3727	2350
龙岩市	524650	523209	305254
宁德市	972	870	844

1-B-07 分设区市零售业法人企业基本情况

地 区	法人单位数(个)	年末从业人数(人)	年末零售营业面积(平方米)
全 省	**30795**	**422259**	**16417509**
福州市	5643	111317	4577115
#平潭	358	4105	93405
厦门市	5971	73758	2612222
莆田市	1651	19718	639458
三明市	1682	21546	1069479
泉州市	7226	91474	3437086
漳州市	2811	34457	1440303
南平市	2535	22333	912328
龙岩市	1369	22776	1009948
宁德市	1907	24880	719570

1-B-08 分设区市零售业法人企业基本情况(按国民经济行业分)

(综合零售)

地 区	法人单位数(个)	年末从业人数(人)	年末零售营业面积(平方米)
全 省	**2201**	**102438**	**4825254**
福州市	551	37290	1897978
#平潭	28	1004	20340
厦门市	223	14006	782949
莆田市	118	5852	156356
三明市	133	6296	292439
泉州市	582	18894	785413
漳州市	159	6763	299914
南平市	159	3273	179428
龙岩市	142	5444	246443
宁德市	134	4620	184334

1-B-08　续表 1

(食品、饮料及烟草制品专门零售)

地　区	法人单位数(个)	年末从业人数(人)	年末零售营业面积(平方米)
全　省	**6070**	**63417**	**1179190**
福州市	782	12454	164997
#平潭	68	808	9777
厦门市	991	7901	121108
莆田市	153	5852	18026
三明市	245	3222	60467
泉州市	1395	17552	318979
漳州市	639	7902	161004
南平市	1269	6830	194026
龙岩市	198	2784	72964
宁德市	398	3454	67619

1-B-08　续表 2

(纺织、服装及日用品专门零售)

地　区	法人单位数(个)	年末从业人数(人)	年末零售营业面积(平方米)
全　省	**3970**	**41008**	**834339**
福州市	855	10533	156275
#平潭	45	455	6595
厦门市	781	8492	173961
莆田市	459	5852	94380
三明市	112	1274	37705
泉州市	1118	8324	203771
漳州市	257	1923	52559
南平市	119	983	23056
龙岩市	93	1348	50085
宁德市	176	4355	42547

1-B-08 续表 3

(文化、体育用品及器材专门零售)

地 区	法人单位数(个)	年末从业人数(人)	年末零售营业面积(平方米)
全 省	**2039**	**17452**	**474765**
福州市	389	4796	159188
#平潭	21	149	2434
厦门市	545	4290	88438
莆田市	243	5852	44518
三明市	78	499	15555
泉州市	410	2790	89989
漳州市	158	1451	37674
南平市	53	446	7576
龙岩市	74	829	16010
宁德市	89	552	15817

1-B-08 续表 4

(医药及医疗器材专门零售)

地 区	法人单位数(个)	年末从业人数(人)	年末零售营业面积(平方米)
全 省	**1250**	**19079**	**352933**
福州市	450	6272	131294
#平潭	20	144	4732
厦门市	118	3186	51998
莆田市	66	5852	9365
三明市	56	788	17393
泉州市	300	3597	56144
漳州市	65	1188	17776
南平市	73	1325	27686
龙岩市	43	752	12983
宁德市	79	1429	28294

1-B-08　续表 5

(汽车、摩托车、燃料及零配件专门零售)

地　区	法人单位数(个)	年末从业人数(人)	年末零售营业面积(平方米)
全　省	**4936**	**84398**	**5329737**
福州市	711	18479	1140375
#平潭	52	389	9421
厦门市	610	14077	907899
莆田市	222	5852	220255
三明市	504	4905	475151
泉州市	1151	19366	1145972
漳州市	711	8604	586360
南平市	377	5071	284716
龙岩市	375	6367	374201
宁德市	275	4171	194808

1-B-08　续表 6

(家用电器及电子产品专门零售)

地　区	法人单位数(个)	年末从业人数(人)	年末零售营业面积(平方米)
全　省	**3986**	**42942**	**1199036**
福州市	716	9984	280236
#平潭	41	410	8035
厦门市	998	9515	240126
莆田市	151	5852	38188
三明市	250	2242	69783
泉州市	804	8048	227671
漳州市	355	3110	91878
南平市	205	2237	76663
龙岩市	186	3185	90106
宁德市	321	3162	84385

1-B-08 续表 7

(五金、家具及室内装饰材料专门零售)

地 区	法人单位数 (个)	年末从业人数 (人)	年末零售营业面积 (平方米)
全 省	**4145**	**31223**	**1684451**
福州市	875	7916	524179
#平潭	63	556	25990
厦门市	1123	6455	190085
莆田市	196	5852	46463
三明市	221	1528	83779
泉州市	809	7914	463429
漳州市	289	1868	113012
南平市	156	1036	91470
龙岩市	174	1377	113506
宁德市	302	1743	58528

1-B-08 续表 8

(货摊、无店铺及其他零售业)

地 区	法人单位数 (个)	年末从业人数 (人)	年末零售营业面积 (平方米)
全 省	**2198**	**20302**	**537804**
福州市	314	3593	122593
#平潭	20	190	6081
厦门市	582	5836	55658
莆田市	43	5852	11907
三明市	83	792	17207
泉州市	657	4989	145718
漳州市	178	1648	80126
南平市	124	1132	27707
龙岩市	84	690	33650
宁德市	133	1394	43238

1-B-09　分设区市零售业法人企业基本情况(按登记注册类型分)

(内资企业)

地　区	法人单位数(个)	年末从业人数(人)	年末零售营业面积(平方米)
全　省	**30531**	**372304**	**14156125**
福州市	5565	81337	3688180
#平潭	347	4039	92275
厦门市	5868	66073	2098977
莆田市	1640	5852	610186
三明市	1678	20999	894494
泉州市	7187	86511	3154940
漳州市	2798	32047	1261523
南平市	2530	21136	888515
龙岩市	1362	21051	867138
宁德市	1903	24025	692172

1-B-09　续表 1

(港、澳、台商投资企业)

地　区	法人单位数(个)	年末从业人数(人)	年末零售营业面积(平方米)
全　省	**149**	**28216**	**622214**
福州市	47	23232	468360
#平潭	8	59	745
厦门市	63	1931	70954
莆田市	5	5852	1538
三明市	3	435	10020
泉州市	19	1431	56707
漳州市	6	876	13080
南平市	2	23	395
龙岩市	3	83	1020
宁德市	1	22	140

1-B-09 续表 2

(外商投资企业)

地　区	法人单位数(个)	年末从业人数(人)	年末零售营业面积(平方米)
全　省	**115**	**21739**	**1639170**
福州市	31	6748	420575
#平潭	3	7	385
厦门市	40	5754	442291
莆田市	6	5852	27734
三明市	1	112	164965
泉州市	20	3532	225439
漳州市	7	1534	165700
南平市	3	1174	23418
龙岩市	4	1642	141790
宁德市	3	833	27258

1-B-10 分设区市零售业法人企业基本情况(按零售业态分)

(有店铺零售)

地　区	法人单位数(个)	年末从业人数(人)	年末零售营业面积(平方米)
全　省	**28996**	**407780**	**16281587**
福州市	5501	109793	4567083
#平潭	355	4080	93345
厦门市	5299	67605	2577998
莆田市	1405	5852	621726
三明市	1659	21070	1068398
泉州市	6714	87904	3380006
漳州市	2754	34131	1435880
南平市	2464	21827	907419
龙岩市	1355	22693	1008053
宁德市	1845	24462	715024

1-B-10　续表 1

(便利店)

地　区	法人单位数(个)	年末从业人数(人)	年末零售营业面积(平方米)
全　省	**1395**	**11205**	**284013**
福州市	365	3129	80490
#平潭	28	258	4490
厦门市	140	1441	34100
莆田市	48	5852	11261
三明市	99	540	15985
泉州市	314	2216	54494
漳州市	112	710	20153
南平市	130	748	21492
龙岩市	92	696	32189
宁德市	95	681	13849

1-B-10　续表 2

(超市)

地　区	法人单位数(个)	年末从业人数(人)	年末零售营业面积(平方米)
全　省	**965**	**29501**	**881632**
福州市	260	9699	246257
#平潭	12	721	17532
厦门市	77	1689	74289
莆田市	56	5852	47511
三明市	69	2253	71341
泉州市	225	5243	166403
漳州市	55	1762	51509
南平市	56	1577	62021
龙岩市	74	1373	42191
宁德市	93	3430	120110

1-B-10 续表 3

(专业店)

地 区	法人单位数 (个)	年末从业人数 (人)	年末零售营业面积 (平方米)
全 省	**12240**	**139935**	**5710611**
福州市	2282	32919	1182222
#平潭	95	777	16176
厦门市	2088	22823	922902
莆田市	630	5852	282682
三明市	831	8518	494733
泉州市	2319	25809	1105090
漳州市	1430	15358	653743
南平市	1203	9733	364209
龙岩市	636	8912	415359
宁德市	821	9393	289671

1-B-10 续表 4

(购物中心)

地 区	法人单位数 (个)	年末从业人数 (人)	年末零售营业面积 (平方米)
全 省	**94**	**1205**	**51398**
福州市	26	305	9822
#平潭	1	3	25
厦门市	20	162	2877
莆田市	6	5852	1058
三明市	5	143	13594
泉州市	18	130	7797
漳州市	3	100	6980
南平市	3	16	2600
龙岩市	8	204	4165
宁德市	5	26	2505

1-B-10　续表 5

(无店铺零售)

地　区	法人单位数(个)	年末从业人数(人)	年末零售营业面积(平方米)
全　省	**1782**	**14335**	**135734**
福州市	136	1449	9889
#平潭	3	25	60
厦门市	670	6125	34224
莆田市	245	5852	17732
三明市	23	476	1081
泉州市	507	3553	57080
漳州市	57	326	4423
南平市	69	497	4864
龙岩市	13	81	1895
宁德市	62	418	4546

1-B-11　分设区市零售业法人企业财务状况

单位：万元

地　区	营业收入	#主营业务收入	资产总计
全　省	**33501523**	**33145701**	**20510984**
福州市	11818724	11708989	6985764
#平潭	74344	72058	97917
厦门市	5820897	5739008	3902177
莆田市	1391500	1378693	988289
三明市	1293083	1275229	918759
泉州市	6902257	6832282	3919453
漳州市	2024088	1996273	1237959
南平市	1207576	1196281	783581
龙岩市	1793816	1779420	946571
宁德市	1249581	1239525	828432

1-B-12 分设区市零售业法人企业财务状况(按国民经济行业分)

(综合零售)

单位：万元

地 区	营业收入	#主营业务收入	资产总计
全 省	**6215551**	**6086120**	**4199098**
福州市	2912531	2879570	2336988
#平潭	26628	26625	14133
厦门市	1018560	978916	616003
莆田市	226787	222047	129270
三明市	318049	310889	168001
泉州市	936313	906403	513711
漳州市	271255	266869	154033
南平市	100008	98524	84578
龙岩市	228816	221033	114908
宁德市	203232	201868	81605

1-B-12 续表 1

(食品、饮料及烟草制品专门零售)

单位：万元

地 区	营业收入	#主营业务收入	资产总计
全 省	**2679947**	**2641300**	**1776618**
福州市	679481	663041	303471
#平潭	10720	10703	15189
厦门市	203153	200772	219983
莆田市	46162	45761	44096
三明市	86349	85967	70813
泉州市	834497	821396	523962
漳州市	260503	259626	191216
南平市	324297	320422	208799
龙岩市	126412	125983	88573
宁德市	119092	118330	125705

1-B-12　续表 2

(纺织、服装及日用品专门零售)　　单位：万元

地　区	营业收入	#主营业务收入	资产总计
全　省	**1898172**	**1884598**	**1367768**
福州市	596541	591655	271409
#平潭	8108	8096	8022
厦门市	281657	280447	396968
莆田市	236933	234937	136881
三明市	68506	68395	51332
泉州市	445678	442688	312276
漳州市	92373	91163	35929
南平市	18582	18422	18306
龙岩市	79449	79184	101894
宁德市	78452	77706	42772

1-B-12　续表 3

(文化、体育用品及器材专门零售)　　单位：万元

地　区	营业收入	#主营业务收入	资产总计
全　省	**1542586**	**1528508**	**1296792**
福州市	951119	939564	684462
#平潭	1733	1733	4653
厦门市	107706	106522	182762
莆田市	165608	165208	164466
三明市	25408	25308	29297
泉州市	166852	166525	123676
漳州市	46649	46567	54240
南平市	10200	10164	14567
龙岩市	58484	58172	29040
宁德市	10560	10476	14282

1-B-12 续表 4

(医药及医疗器材专门零售)　　单位：万元

地　区	营业收入	#主营业务收入	资产总计
全　省	**1363841**	**1353371**	**833117**
福州市	531107	528304	339179
#平潭	1046	1046	492
厦门市	244976	242980	187252
莆田市	19329	19129	23236
三明市	37919	35978	28827
泉州市	158999	157943	91313
漳州市	38982	38927	26515
南平市	158798	156708	65217
龙岩市	47867	47828	16388
宁德市	125863	125575	55191

1-B-12 续表 5

(汽车、摩托车、燃料及零配件专门零售)　　单位：万元

地　区	营业收入	#主营业务收入	资产总计
全　省	**13544489**	**13435168**	**6533763**
福州市	3653855	3622259	1589932
#平潭	8816	7158	25081
厦门市	2810781	2788263	1304428
莆田市	461558	457300	234294
三明市	557436	553061	404752
泉州市	3250557	3236555	1600947
漳州市	965679	945738	518488
南平市	414984	412629	265048
龙岩市	990508	986314	391723
宁德市	439131	433050	224152

1-B-12　续表 6

(家用电器及电子产品专门零售)　单位：万元

地　区	营业收入	#主营业务收入	资产总计
全　省	**2937186**	**2910240**	**1941199**
福州市	934687	929345	659937
#平潭	7911	7895	8813
厦门市	654493	642998	430248
莆田市	94426	94202	68309
三明市	138205	135301	78009
泉州市	500767	495830	329888
漳州市	197419	196793	79640
南平市	107070	106391	62163
龙岩市	154041	153600	98481
宁德市	156078	155779	134524

1-B-12　续表 7

(五金、家具及室内装饰材料专门零售)　单位：万元

地　区	营业收入	#主营业务收入	资产总计
全　省	**2030134**	**2021116**	**1557522**
福州市	1101322	1098755	521831
#平潭	5457	5427	14642
厦门市	179419	178778	241839
莆田市	131802	131248	176902
三明市	45171	44439	64563
泉州市	306604	303759	268276
漳州市	84858	84396	72951
南平市	38176	37748	31111
龙岩市	85749	85368	82409
宁德市	57032	56625	97640

1-B-12 续表 8

(货摊、无店铺及其他零售业) 单位：万元

地 区	营业收入	#主营业务收入	资产总计
全 省	**1289618**	**1285280**	**1005107**
福州市	458081	456495	278555
#平潭	3925	3375	6892
厦门市	320153	319331	322694
莆田市	8895	8860	10834
三明市	16039	15890	23166
泉州市	301990	301184	155404
漳州市	66369	66193	104948
南平市	35461	35274	33791
龙岩市	22489	21938	23155
宁德市	60141	60116	52562

1-B-13 分设区市零售业法人企业财务状况(按登记注册类型分)

(内资企业) 单位：万元

地 区	营业收入	#主营业务收入	资产总计
全 省	**30087382**	**29762723**	**18095006**
福州市	9680451	9576732	5355749
#平潭	73778	71492	85822
厦门市	5113439	5050094	3516977
莆田市	1372229	1359424	980457
三明市	1290076	1272223	906194
泉州市	6511490	6447592	3699106
漳州市	1953864	1926324	1168120
南平市	1202683	1191456	780737
龙岩市	1728139	1713923	867005
宁德市	1235010	1224954	820662

1-B-13　续表 1

(港、澳、台商投资企业)　　单位：万元

地　区	营业收入	#主营业务收入	资产总计
全　省	**1952923**	**1935688**	**1631834**
福州市	1555812	1550958	1347349
#平潭	548	548	11836
厦门市	187253	178194	124847
莆田市	3020	3018	2255
三明市	3007	3007	12565
泉州市	161643	158402	105666
漳州市	36611	36532	33522
南平市	328	328	313
龙岩市	4977	4977	5060
宁德市	273	273	257

1-B-13　续表 2

(外商投资企业)　　单位：万元

地　区	营业收入	#主营业务收入	资产总计
全　省	**1461218**	**1447290**	**784145**
福州市	582461	581299	282666
#平潭	18	18	259
厦门市	520205	510720	260352
莆田市	16251	16251	5577
三明市			
泉州市	229124	226288	114682
漳州市	33613	33417	36318
南平市	4565	4497	2532
龙岩市	60701	60521	74505
宁德市	14298	14298	7513

1-B-14 分设区市零售业法人企业财务状况(按零售业态分)

(有店铺零售) 单位：万元

地 区	营业收入	#主营业务收入	资产总计
全 省	**32558366**	**32204280**	**19858551**
福州市	11750439	11640961	6893642
#平潭	74181	71895	97105
厦门市	5322735	5241393	3560204
莆田市	1310814	1298388	932550
三明市	1244587	1226734	882874
泉州市	6694306	6624800	3829055
漳州市	2009930	1982114	1229376
南平市	1187968	1176679	761676
龙岩市	1791183	1776847	945608
宁德市	1246403	1236364	823566

1-B-14 续表 1

(便利店) 单位：万元

地 区	营业收入	#主营业务收入	资产总计
全 省	**379869**	**371625**	**283972**
福州市	114593	110226	79529
#平潭	1945	1945	9034
厦门市	60234	58822	39123
莆田市	23329	23312	9690
三明市	24072	23668	24997
泉州市	71377	70291	53450
漳州市	26889	26783	22799
南平市	15120	14750	15975
龙岩市	24785	24331	16409
宁德市	19472	19441	22000

1-B-14　续表 2

(超市)　　单位：万元

地　区	营业收入	#主营业务收入	资产总计
全　省	**1263378**	**1249337**	**595925**
福州市	513359	509797	163617
#平潭	29047	29047	9217
厦门市	47325	47020	37264
莆田市	85832	84838	49534
三明市	99541	99408	38487
泉州市	247099	240775	164343
漳州市	39039	38481	18120
南平市	39116	38862	24179
龙岩市	45395	44487	37693
宁德市	146671	145669	62688

1-B-14　续表 3

(专业店)　　单位：万元

地　区	营业收入	#主营业务收入	资产总计
全　省	**12414100**	**12321831**	**7277485**
福州市	3766694	3740626	2108537
#平潭	12732	12282	32512
厦门市	2092895	2067184	1305481
莆田市	600689	597529	392136
三明市	525365	519965	370981
泉州市	2454263	2441457	1370400
漳州市	907211	903892	537982
南平市	768506	761140	396926
龙岩市	627286	623417	338339
宁德市	671190	666620	456702

1-B-14 续表 4

(购物中心) 单位：万元

地 区	营业收入	#主营业务收入	资产总计
全 省	**65482**	**65055**	**49666**
福州市	14535	14444	12353
#平潭			3
厦门市	2355	2355	5417
莆田市	4251	4249	1082
三明市	8497	8497	7687
泉州市	10003	9717	10430
漳州市	4013	4013	1721
南平市	108	108	1030
龙岩市	21034	20986	7398
宁德市	687	687	2546

1-B-14 续表 5

(无店铺零售) 单位：万元

地 区	营业收入	#主营业务收入	资产总计
全 省	**933679**	**932029**	**642784**
福州市	59706	59448	83910
#平潭	163	163	813
厦门市	498139	497592	341891
莆田市	80304	79924	55310
三明市	48496	48496	35885
泉州市	207528	207146	89539
漳州市	14158	14158	8582
南平市	19536	19530	21838
龙岩市	2633	2573	962
宁德市	3178	3162	4867

第2篇

住宿和餐饮业基本情况及财务状况

A.行业部分

2-A-01　住宿业法人企业基本情况

项　　目	法人单位数(个)	年末从业人数(人)	年末餐饮营业面积(平方米)
总　计	**3122**	**121276**	**3258074**
按行业分组			
旅游饭店	1153	86698	1801504
一般旅馆	1716	29105	1237321
其他住宿业	253	5473	219249
按登记注册类型分组			
内资企业	3002	100684	2967665
国有企业	140	9615	188925
集体企业	89	1463	73924
股份合作企业	26	770	21540
联营企业	13	907	8026
国有联营企业	5	714	3414
集体联营企业	7	188	4252
国有与集体联营企业			
其他联营企业	1	5	360
有限责任公司	506	34251	731651
国有独资公司	19	2861	39593
其他有限责任公司	487	31390	692058
股份有限公司	53	3434	57000
私营企业	2002	47087	1762877
私营独资企业	864	10144	585953
私营合伙企业	244	4972	218531
私营有限责任公司	848	30074	920294
私营股份有限公司	46	1897	38099
其他企业	173	3157	123722
港、澳、台商投资企业	66	12020	167581
合资经营企业	18	4159	61928
合作经营企业	4	656	7782
独资经营企业	40	6174	76150
投资股份有限公司	4	1031	21721
其他港澳台商投资企业			
外商投资企业	54	8572	122828
中外合资经营企业	24	4656	80181
中外合作经营企业	6	1694	6526
外资企业	18	2090	29151
外商投资股份有限公司	1	4	800
其他外商投资企业	5	128	6170
按星级分组			
五星	62	22261	252116
四星	164	25275	436334
三星	316	18446	496217
二星	95	2523	126831
一星	33	427	31816
其他	2452	52344	1914760

2-A-02 限额以上住宿业法人企业经营情况

项目	法人企业数(个)	从业人员期末人数(人)	营业额(万元)				
				客房收入	餐费收入	商品销售收入	其他收入
总计	**741**	**87469**	**1472776**	**617381**	**651194**	**73544**	**130657**
按行业分组							
旅游饭店	515	72984	1228128	489261	555935	68410	114522
一般旅馆	196	11841	189955	105915	69768	3013	11259
其他住宿业	30	2644	54693	22205	25490	2122	4876
按登记注册类型分组							
内资企业	660	67973	1056013	455454	472405	32770	95384
国有企业	64	7646	121292	52456	59883	387	8565
集体企业	11	560	11973	2752	3780	2	5440
股份合作企业	4	387	3536	1035	2124	85	292
联营企业	4	817	18960	8472	9497	237	755
国有联营企业	3	691	11715	6144	4687	237	647
集体联营企业	1	126	7246	2328	4811		108
国有与集体联营企业							
其他联营企业							
有限责任公司	218	27624	451787	212479	176411	8166	54731
国有独资公司	19	2861	47553	24348	18157	107	4941
其他有限责任公司	199	24763	404234	188131	158254	8059	49790
股份有限公司	13	2258	33344	17704	12694	179	2767
私营企业	331	27012	396459	152537	198783	23159	21981
私营独资企业	56	2830	46543	14772	25283	5434	1054
私营合伙企业	36	2378	35223	11291	16438	5676	1818
私营有限责任公司	226	20465	292346	118975	144245	10952	18175
私营股份有限公司	13	1339	22347	7500	12817	1097	934
其他企业	15	1669	18662	8019	9234	556	854
港、澳、台商投资企业	46	11390	251879	91779	103737	37513	18851
与港澳台商合资经营企业	15	4019	84312	38123	39154	1228	5807
与港澳台商合作经营企业	3	644	9656	4697	4139	179	641
港澳台商独资企业	25	5698	141606	42628	52090	35827	11062
港澳台商投资股份有限公司	3	1029	16305	6331	8354	279	1341
其他港澳台投资企业							
外商投资企业	35	8106	164884	70148	75052	3262	16422
中外合资经营企业	16	4486	99346	43691	48277	1761	5617
中外合作经营企业	6	1694	37949	15732	17461	251	4505
外资企业	12	1871	27107	10578	9055	1250	6224
外商投资股份有限公司							
其他外商投资企业	1	55	483	147	260		76
按星级分组							
五星	43	19154	435715	152725	185539	39929	57523
四星	123	24390	355825	143329	180289	7550	24656
三星	161	14897	207606	72856	110477	7023	17250
二星	29	1673	23540	7109	13492	538	2402
一星	1	86	865	316	549		
其他	384	27269	449226	241046	160848	18505	28826

2-A-03　住宿业法人企业财务状况

单位：万元

项　　目	营业收入	#主营业务收入	资产总计
总　计	**1820248**	**1791251**	**4988284**
按行业分组			
旅游饭店	1354695	1331509	4095988
一般旅馆	378465	373813	716119
其他住宿业	87088	85930	176176
按登记注册类型分组			
内资企业	1390540	1368539	3643716
国有企业	131168	128581	373109
集体企业	20355	19957	18212
股份合作企业	5458	5456	12946
联营企业	19545	19545	38419
国有联营企业	11901	11901	30871
集体联营企业	7609	7609	7533
国有与集体联营企业			
其他联营企业	36	36	15
有限责任公司	519960	508328	1680789
国有独资公司	47745	46864	72489
其他有限责任公司	472216	461464	1608300
股份有限公司	40618	39543	121343
私营企业	620052	614045	1334049
私营独资企业	141675	139726	176384
私营合伙企业	68905	68470	83587
私营有限责任公司	381692	378122	1028375
私营股份有限公司	27779	27727	45703
其他企业	33385	33083	64849
港、澳、台商投资企业	261197	258937	820755
合资经营企业	86088	85225	186133
合作经营企业	9678	9656	21391
独资经营企业	148933	148013	565394
投资股份有限公司	16499	16043	47837
其他港澳台商投资企业			
外商投资企业	168510	163775	523813
中外合资经营企业	100990	99009	324228
中外合作经营企业	38128	37524	52357
外资企业	28250	26099	100734
外商投资股份有限公司	25	25	594
其他外商投资企业	1118	1118	45900
按星级分组			
五星	467097	462472	1576696
四星	361928	357579	937687
三星	241459	233039	508901
二星	32443	31903	33041
一星	5093	5084	17262
其他	712228	701174	1914697

2-A-04 限额以上住宿业法人企业财务状况

单位：万元

项　　目	财务费用	营业利润	利润总额	应交所得税	应付职工薪酬
总　计	**69000**	**-14261**	**-7764**	**16183**	**335735**
按行业分组					
旅游饭店	62381	-19619	-13268	13124	282017
一般旅馆	4723	619	1697	2012	43042
其他住宿业	1896	4739	3807	1047	10676
按登记注册类型分组					
内资企业	36495	-15585	-11866	9788	249635
国有企业	1237	-453	1069	837	36240
集体企业	31	1366	1429	369	2241
股份合作企业	153	-62	117	17	955
联营企业	561	833	397	40	4129
国有联营企业	533	473	397	27	3787
集体联营企业	28	359		13	342
国有与集体联营企业					
其他联营企业					
有限责任公司	20334	-22002	-19713	4644	111099
国有独资公司	1524	-2699	-2251	495	14794
其他有限责任公司	18809	-19303	-17463	4149	96305
股份有限公司	546	-1299	-1292	245	9640
私营企业	13192	5948	5948	3576	78205
私营独资企业	373	3298	2156	337	8090
私营合伙企业	206	2146	2971	321	6802
私营有限责任公司	12175	-996	693	2744	59816
私营股份有限公司	438	1499	129	174	3496
其他企业	442	85	181	61	7127
港、澳、台商投资企业	23410	1181	1429	3841	46614
与港澳台商合资经营企业	6148	3512	3321	1144	19930
与港澳台商合作经营企业	1422	-1826	-1706	15	2544
港澳台商独资企业	14187	1646	1981	2682	20098
港澳台商投资股份有限公司	1653	-2151	-2167		4042
其他港澳台投资企业					
外商投资企业	9095	142	2674	2554	39486
中外合资经营企业	7700	-778	387	1465	22557
中外合作经营企业	94	2250	2494	591	8560
外资企业	1299	-1332	-223	482	8205
外商投资股份有限公司					
其他外商投资企业	2	3	16	16	165
按星级分组					
五星	29143	-1165	1228	5498	92187
四星	17953	2821	8128	4867	89154
三星	4405	10	-1449	1599	46527
二星	150	1482	710	155	4931
一星	3	-401	-394	25	356
其他	17348	-17008	-15987	4038	102580

2-A-05　餐饮业法人企业基本情况

项　　目	法人单位数（个）	年末从业人数（人）	年末餐饮营业面积（平方米）
总　计	**3308**	**115449**	**2653510**
按行业分组			
正餐服务	2597	90586	2295484
快餐服务	248	17714	228495
饮料及冷饮服务	188	3289	49349
茶馆服务	30	291	6781
咖啡馆服务	56	578	14764
酒吧服务	62	1838	22976
其他饮料及冷饮服务	40	582	4828
其他餐饮业	275	3860	80182
小吃服务	88	983	21754
餐饮配送服务	60	1257	16481
其他未列明餐饮业	127	1620	41947
按登记注册类型分组			
内资企业	3191	94978	2367785
国有企业	37	2414	81788
集体企业	33	919	25382
股份合作企业	13	301	5605
联营企业	6	77	2655
国有联营企业			
集体联营企业	4	61	2425
国有与集体联营企业			
其他联营企业	2	16	230
有限责任公司	544	18210	489969
国有独资公司	3	493	8650
其他有限责任公司	541	17717	481319
股份有限公司	38	816	27221
私营企业	2202	67093	1582121
私营独资企业	995	18771	549471
私营合伙企业	212	6295	179162
私营有限责任公司	964	40401	827925
私营股份有限公司	31	1626	25563
其他企业	318	5148	153044
港、澳、台商投资企业	67	8111	151573
合资经营企业	15	824	15974
合作经营企业	2	205	4550
独资经营企业	49	6994	128049
投资股份有限公司			
其他港澳台商投资企业	1	88	3000
外商投资企业	50	12360	134152
中外合资经营企业	13	796	16586
中外合作经营企业			
外资企业	31	11368	115439
外商投资股份有限公司	3	147	1257
其他外商投资企业	3	49	870

2-A-06 限额以上餐饮业法人企业经营情况

项目	法人企业数（个）	从业人员期末人数（人）	营业额（万元）				
				客房收入	餐费收入	商品销售收入	其他收入
总 计	**797**	**76123**	**1589031**	**55319**	**1488781**	**25477**	**19454**
按行业分组							
正餐服务	745	59442	1139114	55064	1049788	21036	13227
快餐服务	28	15073	410200		401563	3547	5090
饮料及冷饮服务	10	668	11127	83	10060	894	90
茶馆服务	1	90	386		380		6
咖啡馆服务	1	52	712		712		
酒吧服务	7	257	7155	83	6096	894	83
其他饮料及冷饮服务	1	269	2873		2873		
其他餐饮业	14	940	28591	173	27370		1048
小吃服务	7	209	7023		6786		237
餐饮配送服务	3	444	13684		12883		801
其他未列明餐饮业	4	287	7883	173	7701		10
按登记注册类型分组							
内资企业	736	56709	1197456	46018	1113798	23743	13897
国有企业	11	1591	23630	1640	21409	173	407
集体企业	4	426	10158	52	5485	4558	64
股份合作企业	1	21	475		475		
联营企业							
国有联营企业							
集体联营企业							
国有与集体联营企业							
其他联营企业							
有限责任公司	167	11409	163113	16157	139244	4096	3616
国有独资公司	3	493	5656	1933	2958		765
其他有限责任公司	164	10916	157457	14224	136285	4096	2851
股份有限公司	5	330	5525	1044	3387		1095
私营企业	504	40871	956161	26302	906615	14568	8676
私营独资企业	196	7417	186963	3486	178794	2340	2343
私营合伙企业	53	2665	58425	2512	54084	1409	419
私营有限责任公司	245	29493	695774	20305	659063	10718	5688
私营股份有限公司	10	1296	15000		14674	101	226
其他企业	44	2061	38394	823	37184	348	39
港、澳、台商投资企业	39	7751	208678	7034	194595	1715	5334
与港澳台商合资经营企业	8	762	18174	707	16389	168	910
与港澳台商合作经营企业	1	189	4323		4323		
港澳台商独资企业	29	6712	184812	6327	172924	1136	4425
港澳台商投资股份有限公司							
其他港澳台投资企业	1	88	1369		958	411	
外商投资企业	22	11663	182897	2268	180388	18	223
中外合资经营企业	8	674	9211	2268	6706	18	220
中外合作经营企业							
外资企业	14	10989	173685		173683		3
外商投资股份有限公司							
其他外商投资企业							

2-A-07　餐饮业法人企业财务状况

单位：万元

项　　目	营业收入	#主营业务收入	资产总计
总　计	**2008588**	**1993128**	**1664562**
按行业分组			
正餐服务	1452486	1443906	1350984
快餐服务	445277	440432	211704
饮料及冷饮服务	43251	42405	30544
茶馆服务	2425	2368	1840
咖啡馆服务	4973	4970	7472
酒吧服务	30480	29957	13358
其他饮料及冷饮服务	5373	5110	7874
其他餐饮业	67574	66384	71330
小吃服务	16826	16796	9987
餐饮配送服务	26785	26450	22625
其他未列明餐饮业	23962	23138	38718
按登记注册类型分组			
内资企业	1601028	1590475	1328267
国有企业	33384	33372	35235
集体企业	13445	13433	10869
股份合作企业	2751	2731	3550
联营企业	857	857	3512
国有联营企业			
集体联营企业	752	752	1334
国有与集体联营企业			
其他联营企业	105	105	2178
有限责任公司	232531	230567	360514
国有独资公司	5774	5656	6160
其他有限责任公司	226758	224911	354354
股份有限公司	12033	11916	15374
私营企业	1231653	1223394	857914
私营独资企业	324501	321960	144859
私营合伙企业	90857	90365	52755
私营有限责任公司	798536	793310	650451
私营股份有限公司	17759	17759	9847
其他企业	74372	74205	41299
港、澳、台商投资企业	216455	211587	209405
合资经营企业	18576	18576	20496
合作经营企业	4513	4513	960
独资经营企业	191997	187129	187699
投资股份有限公司			
其他港澳台商投资企业	1369	1369	250
外商投资企业	191105	191065	126889
中外合资经营企业	9151	9121	25652
中外合作经营企业			
外资企业	179341	179331	99832
外商投资股份有限公司	1911	1911	859
其他外商投资企业	702	702	547

2-A-08 限额以上餐饮业法人企业财务状况

单位：万元

项　　目	财务费用	营业利润	利润总额	应交所得税	应付职工薪酬
总　计	**15074**	**74660**	**56857**	**17252**	**248502**
按行业分组					
正餐服务	12490	65131	44671	12914	197404
快餐服务	2174	7947	9247	3689	44166
饮料及冷饮服务	94	-630	716	100	1817
茶馆服务		39	39	10	201
咖啡馆服务		56	56		174
酒吧服务	48	690	621	91	842
其他饮料及冷饮服务	46	-1415			600
其他餐饮业	316	2212	2223	549	5114
小吃服务	3	294	291	32	559
餐饮配送服务	-16	1575	1585	392	3324
其他未列明餐饮业	329	343	347	125	1232
按登记注册类型分组					
内资企业	10139	71699	50438	13781	187063
国有企业	26	322	609	93	5928
集体企业	61	1394	1320	411	2656
股份合作企业		28	28		73
联营企业					
国有联营企业					
集体联营企业					
国有与集体联营企业					
其他联营企业					
有限责任公司	1866	673	199	2331	34901
国有独资公司	28	-2330	-2459		2368
其他有限责任公司	1838	3003	2658	2331	32533
股份有限公司	19	387	78	20	650
私营企业	8024	66835	47003	10800	137248
私营独资企业	1154	12289	10639	1361	22534
私营合伙企业	398	2597	2207	374	7455
私营有限责任公司	6451	51156	33319	8971	103462
私营股份有限公司	21	793	838	94	3796
其他企业	144	2059	1201	127	5608
港、澳、台商投资企业	4027	1818	5143	1895	30667
与港澳台商合资经营企业	32	1433	1238	482	4248
与港澳台商合作经营企业	22	497	512	34	593
港澳台商独资企业	3972	-316	3191	1343	25631
港澳台商投资股份有限公司					
其他港澳台投资企业	1	203	203	36	196
外商投资企业	908	1144	1276	1576	30772
中外合资经营企业	179	-2094	-2004	126	2233
中外合作经营企业					
外资企业	729	3237	3280	1450	28539
外商投资股份有限公司					
其他外商投资企业					

B.地区部分

2-B-01 分设区市住宿业法人企业基本情况

地 区	法人单位数(个)	年末从业人数(人)	年末餐饮营业面积(平方米)
全 省	**3122**	**121276**	**3258074**
福州市	701	28640	793075
#平潭	36	1553	44850
厦门市	687	29106	539745
莆田市	115	3018	98554
三明市	216	7280	154739
泉州市	614	29300	702987
漳州市	242	6629	285041
南平市	261	7695	247759
龙岩市	117	4252	156616
宁德市	169	5356	142274

2-B-02 分设区市住宿业法人企业基本情况(按国民经济行业分)

(旅游饭店)

地 区	法人单位数(个)	年末从业人数(人)	年末餐饮营业面积(平方米)
全 省	**1153**	**86698**	**1801504**
福州市	254	22701	424995
#平潭	16	1231	36182
厦门市	200	19176	241691
莆田市	26	1536	27525
三明市	83	4463	124288
泉州市	220	21628	417700
漳州市	112	5226	190776
南平市	161	5510	138694
龙岩市	58	3436	113860
宁德市	39	3022	75443

2-B-02 续表 1

(一般旅馆)

地 区	法人单位数 (个)	年末从业人数 (人)	年末餐饮营业面积 (平方米)
全 省	**1716**	**29105**	**1237321**
福州市	375	4773	303498
#平潭	18	288	7904
厦门市	438	8441	264389
莆田市	84	1439	67399
三明市	118	2531	28651
泉州市	321	5874	218245
漳州市	122	1219	88706
南平市	94	2067	101955
龙岩市	51	774	35525
宁德市	113	1987	55086

2-B-02 续表 2

(其他住宿业)

地 区	法人单位数 (个)	年末从业人数 (人)	年末餐饮营业面积 (平方米)
全 省	**253**	**5473**	**219249**
福州市	72	1166	64582
#平潭	2	34	764
厦门市	49	1489	33665
莆田市	5	43	3630
三明市	15	286	1800
泉州市	73	1798	67042
漳州市	8	184	5559
南平市	6	118	7110
龙岩市	8	42	7231
宁德市	17	347	11745

2-B-03　分设区市住宿业法人企业基本情况(按登记注册类型分)

(内资企业)

地　区	法人单位数(个)	年末从业人数(人)	年末餐饮营业面积(平方米)
全　省	**3002**	**100684**	**2967665**
福州市	678	23120	729123
#平潭	35	1547	43350
厦门市	653	21479	459876
莆田市	109	2876	92601
三明市	211	7137	153639
泉州市	584	23656	604126
漳州市	229	6152	259593
南平市	255	6736	237217
龙岩市	115	4201	155616
宁德市	168	5327	142274

2-B-03　续表 1

(港、澳、台商投资企业)

地　区	法人单位数(个)	年末从业人数(人)	年末餐饮营业面积(平方米)
全　省	**66**	**12020**	**167581**
福州市	17	4332	47769
#平潭	1	6	1500
厦门市	21	4228	40750
莆田市	3	112	4753
三明市	2	90	1100
泉州市	14	2729	59991
漳州市	6	151	5568
南平市	3	378	6147
龙岩市			
宁德市			

2-B-03 续表 2

(外商投资企业)

地 区	法人单位数(个)	年末从业人数(人)	年末餐饮营业面积(平方米)
全 省	**54**	**8572**	**122828**
福州市	6	1188	16183
#平潭			
厦门市	13	3399	39119
莆田市	3	30	1200
三明市	3	53	
泉州市	16	2915	38870
漳州市	7	326	19880
南平市	3	581	4395
龙岩市	2	51	1000
宁德市	1	29	

2-B-04 分设区市住宿业法人企业基本情况(按星级分)

(一星)

地 区	法人单位数(个)	年末从业人数(人)	年末餐饮营业面积(平方米)
全 省	**33**	**427**	**31816**
福州市	16	184	14777
#平潭			
厦门市			
莆田市	1	10	2053
三明市	1	8	
泉州市	7	174	6770
漳州市	3	27	2980
南平市	1	1	300
龙岩市	1	3	486
宁德市	3	20	2050

2-B-04 续表 1

(二星)

地 区	法人单位数 (个)	年末从业人数 (人)	年末餐饮营业面积 (平方米)
全 省	**95**	**2523**	**126831**
福州市	26	731	27458
#平潭	1	9	164
厦门市	9	266	10750
莆田市	3	78	3516
三明市	5	175	9990
泉州市	17	457	15050
漳州市	2	6	5250
南平市	13	276	13018
龙岩市	4	105	10500
宁德市	16	429	23804

2-B-04 续表 2

(三星)

地 区	法人单位数 (个)	年末从业人数 (人)	年末餐饮营业面积 (平方米)
全 省	**316**	**18446**	**496217**
福州市	73	4895	111263
#平潭	6	344	16000
厦门市	47	2145	53633
莆田市	13	522	12148
三明市	25	1095	13310
泉州市	73	5283	161077
漳州市	16	922	22645
南平市	33	1236	44956
龙岩市	15	870	37110
宁德市	21	1478	24766

2-B-04 续表 3

(四星)

地 区	法人单位数(个)	年末从业人数(人)	年末餐饮营业面积(平方米)
全 省	**164**	**25275**	**436334**
福州市	23	5408	65433
#平潭	1	10	1500
厦门市	28	4403	47752
莆田市	6	715	16397
三明市	20	1612	52854
泉州市	39	7491	120052
漳州市	10	983	25093
南平市	21	1904	46819
龙岩市	13	1975	43206
宁德市	4	784	15025

2-B-04 续表 4

(五星)

地 区	法人单位数(个)	年末从业人数(人)	年末餐饮营业面积(平方米)
全 省	**62**	**22261**	**252116**
福州市	14	5455	59691
#平潭	1	38	
厦门市	19	7842	52424
莆田市	1	276	3923
三明市	3	719	9900
泉州市	16	6306	83382
漳州市	4	1056	25745
南平市	3	468	4095
龙岩市	1	49	800
宁德市	1	90	7356

2-B-04　续表 5

(其它)

地　区	法人单位数(个)	年末从业人数(人)	年末餐饮营业面积(平方米)
全　省	**2452**	**52344**	**1914760**
福州市	549	11967	514453
#平潭	27	1152	27186
厦门市	584	14450	375186
莆田市	91	1417	60517
三明市	162	3671	68685
泉州市	462	9589	316656
漳州市	207	3635	203328
南平市	190	3810	138571
龙岩市	83	1250	64514
宁德市	124	2555	69273

2-B-05　分设区市住宿业法人企业财务状况

单位：万元

地　区	营业收入	#主营业务收入	资产总计
全　省	**1820248**	**1791251**	**4988284**
福州市	497121	485219	1175983
#平潭	15667	15667	46103
厦门市	536615	528490	1435095
莆田市	39387	38617	162834
三明市	95153	94218	400588
泉州市	382031	378765	914675
漳州市	83244	82400	351187
南平市	78094	76937	261424
龙岩市	41697	40329	151344
宁德市	66906	66276	135154

2-B-06 分设区市住宿业法人企业财务状况(按国民经济行业分)

(旅游饭店)　　单位：万元

地　区	营业收入	#主营业务收入	资产总计
全　省	**1354695**	**1331509**	**4095988**
福州市	403515	393184	1065284
#平潭	13564	13564	43580
厦门市	398953	392256	1139729
莆田市	17236	17147	109586
三明市	61791	61613	303916
泉州市	277110	274826	754738
漳州市	64422	63630	293127
南平市	56577	55505	226782
龙岩市	34750	33429	130322
宁德市	40342	39919	72505

2-B-06 续表 1

(一般旅馆)　　单位：万元

地　区	营业收入	#主营业务收入	资产总计
全　省	**378465**	**373813**	**716119**
福州市	70294	68849	76641
#平潭	1979	1979	2322
厦门市	117027	115676	254980
莆田市	21480	20800	22981
三明市	27720	27241	93693
泉州市	78984	78627	138373
漳州市	16762	16724	44465
南平市	20831	20750	33834
龙岩市	6476	6431	19915
宁德市	18891	18714	31236

2-B-06 续表 2

(其他住宿业) 单位：万元

地 区	营业收入	#主营业务收入	资产总计
全 省	**87088**	**85930**	**176176**
福州市	23312	23186	34057
#平潭	124	124	201
厦门市	20635	20558	40386
莆田市	670	670	30268
三明市	5643	5364	2979
泉州市	25937	25312	21564
漳州市	2061	2046	13594
南平市	687	683	808
龙岩市	470	469	1107
宁德市	7673	7642	31413

2-B-07 分设区市住宿业法人企业财务状况(按登记注册类型分)

(内资企业) 单位：万元

地 区	营业收入	#主营业务收入	资产总计
全 省	**1390540**	**1368539**	**3643716**
福州市	369716	363283	936032
#平潭	15635	15635	45901
厦门市	337697	330366	762532
莆田市	36838	36068	124751
三明市	93874	92939	383958
泉州市	301860	299285	627574
漳州市	76320	75476	298607
南平市	66515	65358	229936
龙岩市	41185	39828	148839
宁德市	66536	65937	131486

2-B-07 续表 1

(港、澳、台商投资企业) 单位：万元

地 区	营业收入	#主营业务收入	资产总计
全 省	**261197**	**258937**	**820755**
福州市	94921	93856	177627
#平潭	32	32	202
厦门市	121365	120817	438349
莆田市	2439	2439	8276
三明市	1047	1047	2872
泉州市	33835	33187	174342
漳州市	1306	1306	6889
南平市	6286	6286	12401
龙岩市			
宁德市			

2-B-07 续表 2

(外商投资企业) 单位：万元

地 区	营业收入	#主营业务收入	资产总计
全 省	**168510**	**163775**	**523813**
福州市	32484	28079	62323
#平潭			
厦门市	77554	77307	234215
莆田市	110	110	29808
三明市	233	233	13758
泉州市	46335	46293	112759
漳州市	5618	5618	45691
南平市	5294	5294	19087
龙岩市	512	502	2505
宁德市	370	339	3668

2-B-08　分设区市住宿业法人企业财务状况(按星级分)

(一星)　　单位：万元

地　区	营业收入	#主营业务收入	资产总计
全　省	**5093**	**5084**	**17262**
福州市	2722	2722	2381
#平潭			
厦门市			
莆田市	44	44	906
三明市	20	20	20
泉州市	1937	1931	12989
漳州市	204	204	361
南平市			
龙岩市	82	82	25
宁德市	85	83	580

2-B-08　续表 1

(二星)　　单位：万元

地　区	营业收入	#主营业务收入	资产总计
全　省	**32443**	**31903**	**33041**
福州市	8683	8233	8266
#平潭	103	103	11
厦门市	3020	3020	2651
莆田市	756	756	1441
三明市	2313	2310	3673
泉州市	8418	8388	3342
漳州市	61	56	86
南平市	2869	2827	6405
龙岩市	1402	1392	2027
宁德市	4920	4920	5152

2-B-08 续表 2

(三星)

单位：万元

地 区	营业收入	#主营业务收入	资产总计
全 省	**241459**	**233039**	**508901**
福州市	79512	76877	125190
#平潭	3196	3196	1661
厦门市	29200	25085	78129
莆田市	6833	6266	18130
三明市	16204	16009	44661
泉州市	61342	61139	117405
漳州市	10395	10347	21053
南平市	10751	10432	52660
龙岩市	7556	7453	14645
宁德市	19666	19432	37028

2-B-08 续表 3

(四星)

单位：万元

地 区	营业收入	#主营业务收入	资产总计
全 省	**361928**	**357579**	**937687**
福州市	95068	95046	224978
#平潭	156	156	200
厦门市	68734	68425	122465
莆田市	4919	4831	10430
三明市	21474	21417	129943
泉州市	98444	96862	233527
漳州市	12548	12203	38540
南平市	22089	21402	46207
龙岩市	22611	21410	87098
宁德市	16043	15983	44499

2-B-08　续表 4

(五星)　　　　单位：万元

地　区	营业收入	#主营业务收入	资产总计
全　省	**467097**	**462472**	**1576696**
福州市	123850	121414	478282
#平潭			26000
厦门市	222057	220625	562045
莆田市	5183	5183	46455
三明市	6341	6341	62199
泉州市	92330	91874	294944
漳州市	11998	11697	110814
南平市	4202	4202	14823
龙岩市	69	69	6268
宁德市	1068	1068	865

2-B-08　续表 5

(其它)　　　　单位：万元

地　区	营业收入	#主营业务收入	资产总计
全　省	**712228**	**701174**	**1914697**
福州市	187286	180926	336885
#平潭	12213	12213	18232
厦门市	213605	211335	669806
莆田市	21652	21537	85473
三明市	48799	48121	160095
泉州市	119560	118572	252468
漳州市	48040	47894	180333
南平市	38183	38074	141329
龙岩市	9977	9925	41281
宁德市	25124	24790	47030

2-B-09 分设区市餐饮业法人企业基本情况

地 区	法人单位数（个）	年末从业人数（人）	年末餐饮营业面积（平方米）
全 省	**3308**	**115449**	**2653510**
福州市	1012	47534	910981
#平潭	41	772	24409
厦门市	762	28155	606522
莆田市	170	6240	164049
三明市	131	2134	47086
泉州市	523	12700	311919
漳州市	208	4941	184901
南平市	119	3856	109198
龙岩市	198	4974	141609
宁德市	185	4915	141055

2-B-10 分设区市餐饮业法人企业基本情况(按国民经济行业分)

(正餐服务)

地 区	法人单位数（个）	年末从业人数（人）	年末餐饮营业面积（平方米）
全 省	**2597**	**90586**	**2295484**
福州市	786	36996	774708
#平潭	30	599	21350
厦门市	545	17278	457411
莆田市	151	5976	159634
三明市	109	1956	46666
泉州市	366	10590	266981
漳州市	179	4628	177223
南平市	107	3674	106015
龙岩市	184	4742	137334
宁德市	170	4746	137306

2-B-10　续表 1

(快餐服务)

地　区	法人单位数（个）	年末从业人数（人）	年末餐饮营业面积（平方米）
全　省	**248**	**17714**	**228495**
福州市	77	8369	102561
#平潭	3	42	620
厦门市	65	8132	97206
莆田市	10	153	1490
三明市	9	52	420
泉州市	59	667	16831
漳州市	9	101	2816
南平市	5	101	1700
龙岩市	5	40	1800
宁德市	9	99	1850

2-B-10　续表 2

(饮料及冷饮服务)

地　区	法人单位数（个）	年末从业人数（人）	年末餐饮营业面积（平方米）
全　省	**188**	**3289**	**49349**
福州市	58	966	10632
#平潭	2	61	318
厦门市	72	1226	18531
莆田市	4	60	2120
三明市	6	49	
泉州市	32	778	12809
漳州市	8	118	2082
南平市	5	22	1250
龙岩市	2	42	575
宁德市	1	28	280

2-B-10 续表 3

(其他餐饮业)

地 区	法人单位数(个)	年末从业人数(人)	年末餐饮营业面积(平方米)
全 省	**275**	**3860**	**80182**
福州市	91	1203	23080
#平潭	6	70	2121
厦门市	80	1519	33374
莆田市	5	51	805
三明市	7	77	
泉州市	66	665	15298
漳州市	12	94	2780
南平市	2	59	233
龙岩市	7	150	1900
宁德市	5	42	1619

2-B-11 分设区市餐饮业法人企业基本情况(按登记注册类型分)

(内资企业)

地 区	法人单位数(个)	年末从业人数(人)	年末餐饮营业面积(平方米)
全 省	**3191**	**94978**	**2367785**
福州市	982	38787	796494
#平潭	40	723	23149
厦门市	709	18855	496457
莆田市	165	5493	147958
三明市	128	2082	45386
泉州市	509	11831	284891
漳州市	200	4720	178497
南平市	117	3766	106498
龙岩市	198	4974	141609
宁德市	183	4470	134055

2-B-11　续表 1

(港、澳、台商投资企业)

地　区	法人单位数(个)	年末从业人数(人)	年末餐饮营业面积(平方米)
全　省	**67**	**8111**	**151573**
福州市	19	3044	65191
#平潭			
厦门市	30	3749	51780
莆田市	2	269	7070
三明市	2	34	500
泉州市	4	418	13078
漳州市	7	142	6004
南平市	1	10	700
龙岩市			
宁德市	2	445	7000

2-B-11　续表 2

(外商投资企业)

地　区	法人单位数(个)	年末从业人数(人)	年末餐饮营业面积(平方米)
全　省	**50**	**12360**	**134152**
福州市	11	5703	49296
#平潭	1	49	1260
厦门市	23	5551	58285
莆田市	3	478	9021
三明市	1	18	1200
泉州市	10	451	13950
漳州市	1	79	400
南平市	1	80	2000
龙岩市			
宁德市			

2-B-12 分设区市餐饮业法人企业财务状况

单位：万元

地 区	营业收入	#主营业务收入	资产总计
全 省	**2008588**	**1993128**	**1664562**
福州市	985297	979005	468348
#平潭	7148	6891	7392
厦门市	424292	421628	300520
莆田市	83108	82631	119886
三明市	26452	26237	35119
泉州市	170379	169168	169393
漳州市	72415	72196	111472
南平市	103491	103356	161988
龙岩市	62086	61759	146379
宁德市	81066	77147	151457

2-B-13 分设区市餐饮业法人企业财务状况(按国民经济行业分)

(正餐服务)

单位：万元

地 区	营业收入	#主营业务收入	资产总计
全 省	**1452486**	**1443906**	**1350984**
福州市	689567	687791	346786
#平潭	4781	4697	5788
厦门市	225322	224693	176633
莆田市	80254	79785	117280
三明市	25446	25231	32228
泉州市	126994	126089	124437
漳州市	68889	68669	104636
南平市	96225	96096	158203
龙岩市	60282	59963	141074
宁德市	79509	75590	149708

2-B-13　续表 1

(快餐服务)　　单位：万元

地　区	营业收入	#主营业务收入	资产总计
全　省	**445277**	**440432**	**211704**
福州市	263484	259734	108564
#平潭	892	892	160
厦门市	166202	165122	89027
莆田市	1589	1589	927
三明市	518	517	175
泉州市	9935	9935	7532
漳州市	1336	1336	1191
南平市	706	699	357
龙岩市	585	577	2976
宁德市	922	922	956

2-B-13　续表 2

(饮料及冷饮服务)　　单位：万元

地　区	营业收入	#主营业务收入	资产总计
全　省	**43251**	**42405**	**30544**
福州市	12061	11326	6451
#平潭	912	739	1210
厦门市	8609	8508	11414
莆田市	736	733	1462
三明市	262	262	414
泉州市	20078	20071	5337
漳州市	1061	1061	4884
南平市	164	164	153
龙岩市	60	60	130
宁德市	220	220	300

2-B-13 续表 3

(其他餐饮业) 单位：万元

地 区	营业收入	#主营业务收入	资产总计
全 省	**67574**	**66384**	**71330**
福州市	20185	20154	6547
#平潭	563	563	234
厦门市	24160	23305	23448
莆田市	530	525	217
三明市	227	227	2302
泉州市	13372	13073	32087
漳州市	1128	1128	762
南平市	6397	6397	3276
龙岩市	1159	1159	2199
宁德市	415	415	493

2-B-14 分设区市餐饮业法人企业财务状况(按登记注册类型分)

(内资企业) 单位：万元

地 区	营业收入	#主营业务收入	资产总计
全 省	**1601028**	**1590475**	**1328267**
福州市	795272	792649	353823
#平潭	6872	6615	7309
厦门市	242867	241406	195279
莆田市	75161	74684	91025
三明市	25352	25137	34234
泉州市	158246	157035	134423
漳州市	70118	69898	100663
南平市	103051	102946	161363
龙岩市	62086	61759	146379
宁德市	68875	64960	111078

2-B-14 续表 1

(港、澳、台商投资企业) 单位：万元

地区	营业收入	#主营业务收入	资产总计
全省	**216455**	**211587**	**209405**
福州市	98659	95000	71433
#平潭			
厦门市	94400	93195	70029
莆田市	2743	2743	6538
三明市	545	544	261
泉州市	6399	6399	9990
漳州市	1339	1339	10449
南平市	180	180	325
龙岩市			
宁德市	12191	12187	40380

2-B-14 续表 2

(外商投资企业) 单位：万元

地区	营业收入	#主营业务收入	资产总计
全省	**191105**	**191065**	**126889**
福州市	91366	91357	43092
#平潭	276	276	83
厦门市	87026	87026	35212
莆田市	5205	5205	22322
三明市	556	556	624
泉州市	5734	5734	24979
漳州市	958	958	360
南平市	260	230	300
龙岩市			
宁德市			

第3篇

房地产开发经营业生产经营及财务状况

3-01　按登记注册类型、设区市分组的全社会房地产开发企业法人单位个数

单位：个

登记注册类型	全省	福州市	#平潭	厦门市	莆田市	三明市	泉州市	漳州市	南平市	龙岩市	宁德市
总　计	**4040**	**696**	**46**	**650**	**263**	**313**	**720**	**527**	**343**	**256**	**272**
内资	**3510**	**552**	**37**	**510**	**239**	**304**	**621**	**459**	**317**	**244**	**264**
国有	146	29		32	14	11	14	22	9	7	8
集体	33	13		5	2	1	6	2	3	1	
股份合作	2						1		1		
国有联营											
集体联营	1							1			
国有与集体联营	1	1									
其他联营	1							1			
国有独资公司	95	9	1	31	7	6	12	13	6	9	2
其他有限责任公司	1557	247	29	240	168	40	309	214	127	76	136
股份有限公司	102	14	5	13	9	10	17	19	10	3	7
私营独资	33	6		1	3	5	7	7	2	1	1
私营合伙	4	1							2		1
私营有限责任公司	1439	225	2	181	30	219	231	170	145	137	101
私营股份有限公司	81	7		6	6	11	18	8	9	8	8
其他	15			1		1	6	2	3	2	
港澳台商投资	**397**	**113**	**7**	**109**	**15**	**4**	**73**	**46**	**22**	**8**	**7**
合资经营	108	34	3	20	3	2	24	13	8	3	1
合作经营	16	5		10			1				
独资	263	73	4	78	10	1	43	33	14	5	6
股份有限公司	10	1		1	2	1	5				
其他											
外商投资	**133**	**31**	**2**	**31**	**9**	**5**	**26**	**22**	**4**	**4**	**1**
合资经营	41	10	1	6	2	3	7	8	2	3	
合作经营	3			2			1				
独资	81	18	1	20	7	2	17	13	2	1	1
股份有限公司	5	2		2				1			
其他	3	1		1			1				

3-02 按登记注册类型、设区市分组的全社会房地产开发企业年末从业人数

单位：人

登记注册类型	全省	福州市	#平潭	厦门市	莆田市	三明市	泉州市	漳州市	南平市	龙岩市	宁德市
总　计	**101726**	**23173**	**1704**	**15779**	**6559**	**6908**	**16997**	**12078**	**7312**	**6119**	**6801**
内资	**88587**	**19705**	**1432**	**12469**	**5443**	**6722**	**14329**	**10551**	**6770**	**5934**	**6664**
国有	4267	1009		1308	227	291	420	576	115	93	228
集体	537	305		23	16	6	153	13	14	7	
股份合作	24						22		2		
国有联营											
集体联营	1							1			
国有与集体联营	10	10									
其他联营	6							6			
国有独资公司	4424	460	20	2525	133	98	279	260	155	389	125
其他有限责任公司	40425	9745	1269	4713	3666	851	7489	5361	3057	2068	3475
股份有限公司	2316	654	105	321	167	157	356	341	130	77	113
私营独资	455	103		8	57	61	77	91	14	8	36
私营合伙	73	13							45		15
私营有限责任公司	33602	7282	38	3390	1030	4947	5154	3615	2952	2830	2402
私营股份有限公司	2249	124		178	147	287	281	257	245	460	270
其他	198			3		24	98	30	41	2	
港澳台商投资	**9923**	**2804**	**232**	**2754**	**850**	**111**	**1715**	**944**	**478**	**156**	**111**
合资经营	3079	931	51	666	102	33	638	414	232	49	14
合作经营	332	141		183			8				
独资	6181	1721	181	1895	553	76	956	530	246	107	97
股份有限公司	331	11		10	195	2	113				
其他											
外商投资	**3216**	**664**	**40**	**556**	**266**	**75**	**953**	**583**	**64**	**29**	**26**
合资经营	823	257	25	71	39	35	104	247	51	19	
合作经营	45			25			20				
独资	1983	252	15	309	227	40	780	326	13	10	26
股份有限公司	256	106		140				10			
其他	109	49		11			49				

3-03　按登记注册类型、设区市分组的全社会房地产开发企业资产总计

单位：亿元

登记注册类型	全省	福州市	#平潭	厦门市	莆田市	三明市	泉州市	漳州市	南平市	龙岩市	宁德市
总　计	**17274.09**	**5389.64**	**180.02**	**4958.05**	**704.68**	**702.74**	**2682.79**	**1135.70**	**483.99**	**680.12**	**536.40**
内资	**14815.20**	**4636.98**	**127.33**	**4055.30**	**633.03**	**683.98**	**2190.39**	**985.62**	**451.28**	**651.66**	**526.96**
国有	1091.29	316.79		417.16	14.93	182.00	60.06	70.36	2.30	22.06	5.63
集体	48.72	32.61		1.79	1.18	0.01	11.29	1.64	0.04	0.15	
股份合作	0.05						0.05		0.00		
国有联营											
集体联营	0.02							0.02			
国有与集体联营	0.73	0.73									
其他联营	0.05							0.05			
国有独资公司	2126.10	236.98	9.97	1214.63	29.74	19.62	322.48	52.88	43.84	187.58	18.36
其他有限责任公司	6939.46	2209.84	108.85	1769.21	467.93	76.50	1146.27	575.27	196.27	209.78	288.38
股份有限公司	487.50	249.05	6.75	87.47	5.49	10.22	71.13	32.23	6.86	8.41	16.63
私营独资	35.54	14.76		0.18	1.90	1.61	5.79	8.32	1.58	0.65	0.75
私营合伙	1.32	0.20							1.02		0.10
私营有限责任公司	3907.94	1564.79	1.77	527.93	101.16	368.52	547.71	234.21	183.81	202.76	177.06
私营股份有限公司	162.05	11.23		35.97	10.70	14.25	23.76	10.42	15.42	20.25	20.05
其他	14.41			0.96		11.26	1.85	0.19	0.13	0.03	
港澳台商投资	**1971.63**	**653.14**	**51.24**	**741.14**	**60.83**	**10.68**	**363.25**	**83.38**	**27.44**	**26.21**	**5.57**
合资经营	794.47	222.74	31.90	329.64	9.66	6.65	154.70	48.11	17.37	4.16	1.45
合作经营	63.44	15.73		47.36			0.35				
独资	1073.95	414.31	19.33	363.98	31.20	3.10	189.85	35.27	10.07	22.05	4.12
股份有限公司	39.77	0.36		0.16	19.97	0.94	18.35				
其他											
外商投资	**487.26**	**99.52**	**1.45**	**161.61**	**10.81**	**8.07**	**129.14**	**66.71**	**5.26**	**2.25**	**3.88**
合资经营	99.97	26.21	0.27	14.39	0.76	6.02	26.09	20.94	3.89	1.67	
合作经营	0.59			0.59							
独资	324.40	56.98	1.19	116.39	10.06	2.05	87.49	45.60	1.37	0.58	3.88
股份有限公司	39.16	11.82		27.17				0.17			
其他	23.15	4.51		3.07			15.56				

3-04 按登记注册类型、设区市分组的房地产开发企业法人单位个数

单位：个

登记注册类型	全省	福州市	#平潭	厦门市	莆田市	三明市	泉州市	漳州市	南平市	龙岩市	宁德市
总　计	**3187**	**561**	**30**	**524**	**186**	**267**	**562**	**393**	**268**	**218**	**208**
内资	**2725**	**438**	**22**	**396**	**169**	**258**	**479**	**335**	**244**	**206**	**200**
国有	96	23		24	4	9	10	11	7	2	6
集体	24	12		4	1		4	1	1	1	
股份合作											
国有联营											
集体联营											
国有与集体联营	1	1									
其他联营											
国有独资公司	87	9	1	28	5	6	10	12	6	9	2
其他有限责任公司	1228	201	18	210	122	31	241	157	101	66	99
股份有限公司	66	8	2	10	5	6	9	14	8	2	4
私营独资	3				1			1	1		
私营合伙	2								2		
私营有限责任公司	1157	179	1	114	25	196	194	136	110	119	84
私营股份有限公司	58	5		6	6	9	10	3	8	6	5
其他	3					1	1			1	
港澳台商投资	**351**	**95**	**6**	**102**	**12**	**4**	**61**	**42**	**20**	**8**	**7**
合资经营	96	28	2	18	3	2	22	11	8	3	1
合作经营	14	4		9			1				
独资	232	62	4	74	7	1	34	31	12	5	6
股份有限公司	9	1		1	2	1	4				
其他											
外商投资	**111**	**28**	**2**	**26**	**5**	**5**	**22**	**16**	**4**	**4**	**1**
合资经营	34	9	1	6	1	3	4	6	2	3	
合作经营	2			1			1				
独资	70	17	1	17	4	2	16	10	2	1	1
股份有限公司	3	1		2							
其他	2	1					1				

注：本表数据范围为联网直报房地产开发企业

3-05　按登记注册类型、设区市分组的房地产开发企业从业人员平均人数

单位：人

登记注册类型	全省	福州市	#平潭	厦门市	莆田市	三明市	泉州市	漳州市	南平市	龙岩市	宁德市
总　计	**87396**	**20451**	**1404**	**13606**	**5421**	**6253**	**14625**	**9923**	**6123**	**5210**	**5784**
内资	**75616**	**17299**	**1153**	**10722**	**4507**	**6067**	**12165**	**8525**	**5641**	**5048**	**5642**
国有	3321	903		1071	104	230	337	391	96	50	139
集体	523	331		22	12		141	8	2	7	
股份合作											
国有联营											
集体联营											
国有与集体联营	10	10									
其他联营											
国有独资公司	4064	423	20	2324	80	98	242	241	155	376	125
其他有限责任公司	34874	8828	1076	4250	3098	733	6312	4361	2518	1903	2871
股份有限公司	1740	474	29	271	117	107	266	258	104	61	82
私营独资	27				20			7			
私营合伙	45								45		
私营有限责任公司	29339	6229	28	2606	931	4614	4618	3119	2498	2498	2226
私营股份有限公司	1599	101		178	145	261	199	140	223	153	199
其他	74					24	50				
港澳台商投资	**8970**	**2526**	**215**	**2380**	**817**	**114**	**1572**	**895**	**423**	**132**	**111**
合资经营	2789	814	39	558	102	36	599	397	234	35	14
合作经营	313	129		176			8				
独资	5547	1572	176	1636	520	76	862	498	189	97	97
股份有限公司	321	11		10	195	2	103				
其他											
外商投资	**2810**	**626**	**36**	**504**	**97**	**72**	**888**	**503**	**59**	**30**	**31**
合资经营	705	250	21	78	14	35	58	205	46	19	
合作经营	22			2			20				
独资	1794	275	15	287	83	37	759	298	13	11	31
股份有限公司	189	52		137							
其他	100	49					51				

注：本表数据范围为联网直报房地产开发企业

3-06 按登记注册类型、设区市分组的房地产开发企业资产总计

单位：亿元

登记注册类型	全省	福州市	#平潭	厦门市	莆田市	三明市	泉州市	漳州市	南平市	龙岩市	宁德市
总　计	**16248.21**	**5138.19**	**163.94**	**4690.76**	**638.80**	**647.32**	**2535.55**	**1028.87**	**442.10**	**618.87**	**507.75**
内资	**13885.94**	**4411.13**	**111.33**	**3819.26**	**572.61**	**628.56**	**2068.38**	**887.77**	**409.51**	**590.41**	**498.30**
国有	926.50	304.91		367.92	6.90	151.90	40.54	45.82	2.16	0.89	5.45
集体	48.08	32.57		1.71	1.15		10.85	1.64	0.01	0.15	
股份合作											
国有联营											
集体联营											
国有与集体联营	0.73	0.73									
其他联营											
国有独资公司	2107.18	236.98	9.97	1213.46	13.64	19.62	321.03	52.68	43.84	187.58	18.36
其他有限责任公司	6641.29	2136.12	98.52	1728.00	441.07	68.62	1094.60	542.60	170.47	189.39	270.41
股份有限公司	457.87	243.05	1.18	82.86	5.35	3.98	68.73	25.93	5.29	8.36	14.33
私营独资	4.01				1.74			2.27			
私营合伙	1.02								1.02		
私营有限责任公司	3541.35	1445.57	1.67	389.34	92.07	359.06	513.15	209.13	171.91	191.11	170.01
私营股份有限公司	145.34	11.20		35.97	10.70	14.14	18.16	7.69	14.80	12.93	19.74
其他	12.57					11.26	1.31				
港澳台商投资	**1899.92**	**630.28**	**51.16**	**718.99**	**58.00**	**10.68**	**342.24**	**80.62**	**27.32**	**26.21**	**5.57**
合资经营	755.95	210.46	31.83	315.64	9.66	6.65	144.12	46.44	17.37	4.16	1.45
合作经营	60.75	15.10		45.30			0.35				
独资	1045.45	404.36	19.33	357.89	28.37	3.10	181.42	34.18	9.96	22.05	4.12
股份有限公司	37.77	0.36		0.16	19.97	0.94	16.35				
其他											
外商投资	**462.35**	**96.79**	**1.45**	**152.51**	**8.18**	**8.07**	**124.93**	**60.47**	**5.26**	**2.25**	**3.88**
合资经营	91.74	25.45	0.27	14.39	0.03	6.02	23.32	16.99	3.89	1.67	
合作经营	0.49			0.49							
独资	311.50	55.46	1.19	110.47	8.16	2.05	86.05	43.48	1.37	0.58	3.88
股份有限公司	38.54	11.37		27.17							
其他	20.08	4.51					15.56				

注：本表数据范围为联网直报房地产开发企业

3-07 按登记注册类型、设区市分组的房地产开发企业负债合计

单位：亿元

登记注册类型	全省	福州市	#平潭	厦门市	莆田市	三明市	泉州市	漳州市	南平市	龙岩市	宁德市
总　计	**12085.37**	**4145.39**	**117.31**	**3346.76**	**514.72**	**437.51**	**1762.79**	**754.51**	**303.58**	**403.02**	**417.09**
内资	**10444.39**	**3565.34**	**79.02**	**2812.46**	**471.91**	**422.98**	**1435.97**	**656.73**	**284.07**	**385.72**	**409.22**
国有	554.95	163.20		280.26	4.62	39.60	17.10	42.97	1.73	0.33	5.13
集体	44.79	32.47		1.35	1.07		8.14	1.67		0.09	
股份合作											
国有联营											
集体联营											
国有与集体联营	0.70	0.70									
其他联营											
国有独资公司	1397.93	181.58	2.55	855.00	11.52	16.00	173.63	39.33	16.73	87.61	16.54
其他有限责任公司	5157.35	1743.43	74.18	1321.10	363.97	56.02	785.55	397.34	127.32	146.93	215.69
股份有限公司	310.04	148.36	0.82	58.42	4.23	2.37	60.03	15.20	3.99	7.48	9.97
私营独资	3.15				1.68			1.47			
私营合伙	0.82								0.82		
私营有限责任公司	2847.85	1288.67	1.47	264.79	77.04	288.99	377.69	151.80	121.38	133.23	144.26
私营股份有限公司	116.37	6.94		31.54	7.78	10.62	12.76	6.95	12.10	10.06	17.63
其他	10.45					9.38	1.07				
港澳台商投资	**1331.88**	**516.13**	**38.19**	**441.96**	**39.06**	**6.69**	**237.15**	**52.88**	**17.83**	**15.86**	**4.31**
合资经营	558.85	184.30	23.09	205.58	6.93	4.58	109.02	33.71	11.06	2.40	1.27
合作经营	50.91	10.82		39.86			0.23				
独资	693.69	321.02	15.10	196.45	16.94	2.06	114.79	19.17	6.77	13.46	3.04
股份有限公司	28.43			0.07	15.19	0.05	13.11				
其他											
外商投资	**309.10**	**63.92**	**0.11**	**92.35**	**3.75**	**7.84**	**89.66**	**44.90**	**1.67**	**1.44**	**3.56**
合资经营	62.18	17.23	-0.07	3.63	0.00	5.91	19.52	14.17	0.48	1.24	
合作经营	0.34			0.34							
独资	202.61	35.62	0.18	71.67	3.75	1.93	53.95	30.74	1.20	0.20	3.56
股份有限公司	23.21	6.51		16.71							
其他	20.75	4.57					16.19				

注：本表数据范围为联网直报房地产开发企业

3-08 按登记注册类型、设区市分组的房地产开发企业所有者权益

单位：亿元

登记注册类型	全省	福州市	#平潭	厦门市	莆田市	三明市	泉州市	漳州市	南平市	龙岩市	宁德市
总　计	**4162.84**	**992.80**	**46.63**	**1344.00**	**124.08**	**209.81**	**772.77**	**274.35**	**138.52**	**215.85**	**90.66**
内资	**3441.55**	**845.79**	**32.31**	**1006.80**	**100.71**	**205.59**	**632.41**	**231.04**	**125.44**	**204.69**	**89.08**
国有	371.55	141.71		87.66	2.28	112.30	23.44	2.85	0.43	0.56	0.32
集体	3.29	0.10		0.36	0.08		2.71	-0.03	0.01	0.06	
股份合作											
国有联营											
集体联营											
国有与集体联营	0.04	0.04									
其他联营											
国有独资公司	709.25	55.40	7.42	358.46	2.11	3.62	147.40	13.36	27.11	99.97	1.82
其他有限责任公司	1483.94	392.69	24.33	406.90	77.10	12.59	309.05	145.27	43.15	42.47	54.72
股份有限公司	147.83	94.69	0.36	24.44	1.12	1.61	8.70	10.73	1.30	0.88	4.36
私营独资	0.86				0.06			0.80			
私营合伙	0.20								0.20		
私营有限责任公司	693.50	156.90	0.20	124.55	15.03	70.07	135.47	57.33	50.53	57.87	25.75
私营股份有限公司	28.97	4.26		4.43	2.93	3.52	5.40	0.74	2.70	2.87	2.11
其他	2.12					1.87	0.24				
港澳台商投资	**568.04**	**114.14**	**12.97**	**277.03**	**18.94**	**3.99**	**105.09**	**27.74**	**9.49**	**10.35**	**1.26**
合资经营	197.10	26.16	8.73	110.06	2.73	2.07	35.11	12.73	6.30	1.76	0.18
合作经营	9.84	4.27		5.44			0.12				
独资	351.75	83.34	4.24	161.44	11.43	1.04	66.63	15.01	3.19	8.59	1.08
股份有限公司	9.34	0.36		0.09	4.78	0.88	3.23				
其他											
外商投资	**153.25**	**32.87**	**1.34**	**60.16**	**4.44**	**0.23**	**35.27**	**15.57**	**3.59**	**0.81**	**0.31**
合资经营	29.57	8.22	0.33	10.76	0.02	0.11	3.80	2.82	3.41	0.43	
合作经营	0.14			0.14							
独资	108.89	19.84	1.01	38.80	4.41	0.12	32.10	12.75	0.18	0.38	0.31
股份有限公司	15.33	4.86		10.47							
其他	-0.67	-0.05					-0.62				

注：本表数据范围为联网直报房地产开发企业

3-09 按设区市、资质等级分组的全社会房地产开发企业法人单位个数

单位：个

地 区	总 计	一 级	二 级	三 级	四 级	暂 定	其 他
全 省	**4040**	**61**	**166**	**869**	**725**	**1552**	**667**
福州市	696	23	44	154	93	296	86
#平潭	46	1	1	11	5	17	11
厦门市	650	14	31	39	178	112	276
莆田市	263	2	7	74	50	88	42
三明市	313		7	86	60	137	23
泉州市	720	12	33	157	69	368	81
漳州市	527	8	14	133	95	209	68
南平市	343		12	95	61	133	42
龙岩市	256	2	12	70	57	102	13
宁德市	272		6	61	62	107	36

3-10 按设区市、资质等级分组的全社会房地产开发企业年末从业人数

单位：人

地 区	总 计	一 级	二 级	三 级	四 级	暂 定	其 他
全 省	**101726**	**4134**	**8247**	**26158**	**14375**	**39747**	**9065**
福州市	23173	1589	2578	5668	2165	9877	1296
#平潭	1704	2	270	425	81	807	119
厦门市	15779	1906	1898	1461	4075	2988	3451
莆田市	6559	50	254	2122	1130	2398	605
三明市	6908		284	2255	778	3277	314
泉州市	16997	418	1461	4701	1036	8454	927
漳州市	12078	154	664	3988	1682	4471	1119
南平市	7312		324	2491	1047	3006	444
龙岩市	6119	17	439	1676	1178	2357	452
宁德市	6801		345	1796	1284	2919	457

3-11 按设区市、资质等级分组的房地产开发企业法人单位个数

单位：个

地区	总计	一级	二级	三级	四级	暂定	其他
全省	**3187**	**31**	**147**	**771**	**661**	**1336**	**241**
福州市	561	13	44	136	85	258	25
#平潭	30		1	10	4	14	1
厦门市	524	13	29	35	173	102	172
莆田市	186		4	63	41	75	3
三明市	267		6	78	56	118	9
泉州市	562	4	27	137	60	330	4
漳州市	393	1	12	115	84	166	15
南平市	268		9	87	56	108	8
龙岩市	218		11	66	50	90	1
宁德市	208		5	54	56	89	4

注：本表数据范围为联网直报房地产开发企业

3-12 按设区市、资质等级分组的房地产开发企业从业人员平均人数

单位：人

地区	总计	一级	二级	三级	四级	暂定	其他
全省	**87396**	**3599**	**8131**	**24649**	**13444**	**34649**	**2924**
福州市	20451	1391	2763	5368	2032	8592	305
#平潭	1404		269	409	77	637	12
厦门市	13606	1801	1845	1361	3988	2734	1877
莆田市	5421		226	2059	1015	2010	111
三明市	6253		266	2163	749	3011	64
泉州市	14625	329	1367	4358	932	7598	41
漳州市	9923	78	621	3687	1545	3594	398
南平市	6123		292	2325	956	2500	50
龙岩市	5210		422	1640	1057	2072	19
宁德市	5784		329	1688	1170	2538	59

注：本表数据范围为联网直报房地产开发企业

3-13　按设区市、资质等级分组的房地产开发企业房屋施工面积

单位：平方米

地　区	总　计	一　级	二　级	三　级	四　级	暂　定	其　他
全　省	**262872821**	**11900661**	**33273387**	**75519067**	**26517386**	**111808506**	**3719300**
福州市	68710399	4553738	11698523	15074457	3412676	33504144	332347
#平潭	4819117		463473	716460	1266550	2372634	
厦门市	38389511	5812137	8792400	2436535	12077044	7522863	1748532
莆田市	18938560		667829	9868169	1631628	6767934	3000
三明市	13939761		1193618	5348222	913389	6402728	81804
泉州市	50919240	1512180	4805382	16274334	2340754	25635146	351444
漳州市	30519223	22606	1903002	13176695	2401601	11962692	1052627
南平市	12870623		990814	4444896	933120	6475159	26634
龙岩市	14692218		2172823	4056009	1214598	7228593	20195
宁德市	13893286		1048996	4839750	1592576	6309247	102717

注：本表数据范围为联网直报房地产开发企业

3-14　按设区市、资质等级分组的房地产开发企业房屋新开工面积

单位：平方米

地　区	总　计	一　级	二　级	三　级	四　级	暂　定	其　他
全　省	**71930075**	**2111656**	**4516734**	**14871028**	**4163945**	**44129757**	**2136955**
福州市	17601525	883879	1589286	2661306	33509	12411685	21860
#平潭	330720			115379		215341	
厦门市	7425882	620787	1177253	265264	2025229	2389578	947771
莆田市	6722959			2742803	226365	3753791	
三明市	4172390		109837	1215405	285286	2561862	
泉州市	14511527	606990	544315	2949790	427187	9730245	253000
漳州市	8103555		342647	2067159	542848	4338390	812511
南平市	5035969		77434	1324957	132119	3478978	22481
龙岩市	4553737		552907	704271	279312	3017247	
宁德市	3802531		123055	940073	212090	2447981	79332

注：本表数据范围为联网直报房地产开发企业

3-15 按设区市、资质等级分组的房地产开发企业房屋竣工面积

单位：平方米

地区	总计	一级	二级	三级	四级	暂定	其他
全省	**33697633**	**1871097**	**4914794**	**10936937**	**4190544**	**11767549**	**16712**
福州市	8325467	660859	1948072	1159854	356955	4199727	
#平潭	198097			165422		32675	
厦门市	3437851	983452	566766	232785	1333530	321318	
莆田市	3156536		65152	1853465	418385	816534	3000
三明市	2279244		492535	1015643	150691	620375	
泉州市	6551625	226786	860228	2476318	894418	2093875	
漳州市	5095914		551255	2247051	240795	2047254	9559
南平市	1731236		161186	670806	384035	511056	4153
龙岩市	1954592		187232	865775	315733	585852	
宁德市	1165168		82368	415240	96002	571558	

注：本表数据范围为联网直报房地产开发企业

3-16 按设区市、资质等级分组的房地产开发企业房屋竣工价值

单位：万元

地区	总计	一级	二级	三级	四级	暂定	其他
全省	**8155744**	**502782**	**1183658**	**2608329**	**1093549**	**2763827**	**3599**
福州市	2000656	212320	544451	339354	98046	806485	
#平潭	57886			48085		9801	
厦门市	985022	231455	111733	79267	468661	93906	
莆田市	851941		26061	435927	103200	286453	300
三明市	416941		93320	199921	23370	100330	
泉州市	1520727	59007	209055	586394	190350	475921	
漳州市	1166946		117576	516693	45506	484671	2500
南平市	356641		37068	143680	78142	96952	799
龙岩市	449080		32109	200142	58041	158788	
宁德市	407790		12285	106951	28233	260321	

注：本表数据范围为联网直报房地产开发企业

3-17　按设区市、资质等级分组的房地产开发企业商品房销售面积

单位：平方米

地　区	总　计	一　级	二　级	三　级	四　级	暂　定	其　他
全　省	**46761600**	**2632336**	**3570876**	**13440049**	**5111464**	**21179016**	**827859**
福州市	12564926	738216	653370	2798315	373342	7830817	170866
#平潭	347639		56172	96321		195146	
厦门市	7937657	1627590	1260077	499323	2751292	1294498	504877
莆田市	2884312		113711	1508486	341626	915197	5292
三明市	2634560		139542	1104972	143813	1235035	11198
泉州市	9087271	265684	693810	3118840	391112	4586044	31781
漳州市	4895825	846	326689	2266957	356129	1882263	62941
南平市	2617945		177399	875885	305455	1248883	10323
龙岩市	2302922		129720	682236	208657	1277996	4313
宁德市	1836182		76558	585035	240038	908283	26268

注：本表数据范围为联网直报房地产开发企业

3-18　按设区市、资质等级分组的房地产开发企业商品房现房销售面积

单位：平方米

地　区	总　计	一　级	二　级	三　级	四　级	暂　定	其　他
全　省	**3938906**	**367192**	**606064**	**1302266**	**901316**	**735858**	**26210**
福州市	266344	5366	26767	111898	15415	106519	379
#平潭	2099			2099			
厦门市	1225981	338277	346617	135618	334085	66421	4963
莆田市	384029		6965	218270	96036	57466	5292
三明市	124892		710	58690	37808	27684	
泉州市	670177	23549	126962	281415	68446	169805	
漳州市	555066		64496	290885	55707	134879	9099
南平市	462290		13500	108310	194465	139538	6477
龙岩市	133227		18024	66159	25973	23071	
宁德市	116900		2023	31021	73381	10475	

注：本表数据范围为联网直报房地产开发企业

3-19 按设区市、资质等级分组的房地产开发企业商品房期房销售面积

单位：平方米

地　区	总　计	一　级	二　级	三　级	四　级	暂　定	其　他
全　省	**42822694**	**2265144**	**2964812**	**12137783**	**4210148**	**20443158**	**801649**
福州市	12298582	732850	626603	2686417	357927	7724298	170487
#平潭	345540		56172	94222		195146	
厦门市	6711676	1289313	913460	363705	2417207	1228077	499914
莆田市	2500283		106746	1290216	245590	857731	
三明市	2509668		138832	1046282	106005	1207351	11198
泉州市	8417094	242135	566848	2837425	322666	4416239	31781
漳州市	4340759	846	262193	1976072	300422	1747384	53842
南平市	2155655		163899	767575	110990	1109345	3846
龙岩市	2169695		111696	616077	182684	1254925	4313
宁德市	1719282		74535	554014	166657	897808	26268

注：本表数据范围为联网直报房地产开发企业

3-20 按设区市、资质等级分组的房地产开发企业房屋出租面积

单位：平方米

地　区	总　计	一　级	二　级	三　级	四　级	暂　定	其　他
全　省	**1712442**	**209172**	**168072**	**813551**	**225924**	**216090**	**79633**
福州市	112974	21190	91784				
#平潭							
厦门市	347717	187982			133735	21000	5000
莆田市	100487			20094		5760	74633
三明市	29922			18600	2523	8799	
泉州市	639854			590925		48929	
漳州市	107864		46960	13866	17704	29334	
南平市	49307		18809	30498			
龙岩市	264837		10519	80088	71962	102268	
宁德市	59480			59480			

注：本表数据范围为联网直报房地产开发企业

3-21　按设区市、资质等级分组的房地产开发企业商品房销售额

单位：万元

地　区	总　计	一　级	二　级	三　级	四　级	暂　定	其　他
全　省	**42320832**	**3065693**	**3840692**	**11094402**	**6022107**	**17562083**	**735855**
福州市	14117852	1038169	948646	3430254	576626	7983495	140662
#平潭	298238		60298	56349		181591	
厦门市	10752353	1786154	1676314	603738	4306914	1874384	504849
莆田市	2248864		95505	1143666	227646	778055	3992
三明市	1698303		74559	767228	74041	778705	3770
泉州市	6248245	241251	593520	2304005	244933	2840422	24114
漳州市	3008386	119	209254	1484075	172801	1111875	30262
南平市	1406518		93241	502264	145466	659652	5895
龙岩市	1520368		99231	446524	112421	857994	4198
宁德市	1319943		50422	412648	161259	677501	18113

注：本表数据范围为联网直报房地产开发企业

3-22　按设区市、资质等级分组的房地产开发企业商品房现房销售额

单位：万元

地　区	总　计	一　级	二　级	三　级	四　级	暂　定	其　他
全　省	**3021596**	**255120**	**418516**	**965592**	**808880**	**555905**	**17583**
福州市	320049	7275	22984	131589	23661	134147	393
#平潭	1605			1605			
厦门市	1259904	226309	267546	182909	484309	94940	3891
莆田市	300933		8546	178085	65289	45021	3992
三明市	68305		313	37630	14475	15887	
泉州市	433715	21536	69986	178381	44169	119643	
漳州市	260463		32510	136437	24615	62160	4741
南平市	224216		7959	63552	84299	63840	4566
龙岩市	69575		7262	37288	11047	13978	
宁德市	84436		1410	19721	57016	6289	

注：本表数据范围为联网直报房地产开发企业

3-23 按设区市、资质等级分组的房地产开发企业商品房期房销售额

单位：万元

地 区	总 计	一 级	二 级	三 级	四 级	暂 定	其 他
全 省	**39299236**	**2810573**	**3422176**	**10128810**	**5213227**	**17006178**	**718272**
福州市	13797803	1030894	925662	3298665	552965	7849348	140269
#平潭	296633		60298	54744		181591	
厦门市	9492449	1559845	1408768	420829	3822605	1779444	500958
莆田市	1947931		86959	965581	162357	733034	
三明市	1629998		74246	729598	59566	762818	3770
泉州市	5814530	219715	523534	2125624	200764	2720779	24114
漳州市	2747923	119	176744	1347638	148186	1049715	25521
南平市	1182302		85282	438712	61167	595812	1329
龙岩市	1450793		91969	409236	101374	844016	4198
宁德市	1235507		49012	392927	104243	671212	18113

注：本表数据范围为联网直报房地产开发企业

3-24 按设区市、用途分组的房地产开发企业房屋施工面积

单位：平方米

地 区	房屋施工面 积	住 宅	#别墅、高档公 寓	办公楼	商业营业用 房	其 他
全 省	**262872821**	**178354244**	**7000668**	**13634462**	**30028227**	**40855888**
福州市	68710399	49615687	1582774	3930862	5052242	10111608
#平潭	4819117	3433691	48338	357086	603883	424457
厦门市	38389511	22419513	1116417	3903816	3497843	8568339
莆田市	18938560	12338316	154398	772972	2773519	3053753
三明市	13939761	9633279	359305	205090	2246341	1855051
泉州市	50919240	33660588	2175590	2712634	6625684	7920334
漳州市	30519223	21462164	709664	733592	4239364	4084103
南平市	12870623	9874151	302088	144466	1873724	978282
龙岩市	14692218	9397566	88948	865876	1887409	2541367
宁德市	13893286	9952980	511484	365154	1832101	1743051

注：本表数据范围为联网直报房地产开发企业

3-25　按设区市、用途分组的房地产开发企业房屋新开工面积

单位：平方米

地　区	房屋新开工面　积	住　宅	#别墅、高档公　寓	办公楼	商业营业用　房	其　他
全　省	**71930075**	**47958333**	**1878544**	**3815720**	**8888489**	**11267533**
福州市	17601525	12572386	228550	802014	1334564	2892561
#平潭	330720	246791			27102	56827
厦门市	7425882	4230216	25902	634565	1183647	1377454
莆田市	6722959	4384909	52303	435657	662268	1240125
三明市	4172390	2817282	129948	89372	608797	656939
泉州市	14511527	9556215	976670	985542	1885157	2084613
漳州市	8103555	5074903	113480	345050	1394165	1289437
南平市	5035969	3814173	190158	82472	724699	414625
龙岩市	4553737	2963908	32620	245549	567680	776600
宁德市	3802531	2544341	128913	195499	527512	535179

注：本表数据范围为联网直报房地产开发企业

3-26　按设区市、用途分组的房地产开发企业房屋竣工面积

单位：平方米

地　区	房屋竣工面　积	住　宅	#别墅、高档公　寓	办公楼	商业营业用　房	其 他
全　省	**33697633**	**23380622**	**857014**	**983343**	**4048481**	**5285187**
福州市	8325467	6058298	192745	200165	508063	1558941
#平潭	198097	154255			13761	30081
厦门市	3437851	2141127	151458	174343	242029	880352
莆田市	3156536	2230954	69926	30051	423819	471712
三明市	2279244	1703679	4829	23227	290559	261779
泉州市	6551625	4625092	253758	83040	1030690	812803
漳州市	5095914	3283448	134725	235824	849145	727497
南平市	1731236	1342822	5891	5908	272875	109631
龙岩市	1954592	1153519	43682	228159	249933	322981
宁德市	1165168	841683		2626	181368	139491

注：本表数据范围为联网直报房地产开发企业

3-27 按设区市、用途分组的房地产开发企业房屋竣工价值

单位：万元

地 区	房屋竣工价值	住 宅	#别墅、高档公寓	办公楼	商业营业用房	其他
全 省	**8155744**	**5603070**	**256068**	**291534**	**1085188**	**1175952**
福州市	2000656	1457587	66801	78939	144864	319266
#平潭	57886	45100			4060	8726
厦门市	985022	677487	62095	46952	56876	203707
莆田市	851941	615799	30518	6233	94394	135515
三明市	416941	308017	965	4196	51677	53051
泉州市	1520727	1042683	43366	22806	264969	190269
漳州市	1166946	745083	40666	60035	202386	159442
南平市	356641	276483	1213	1295	58509	20354
龙岩市	449080	227725	10444	70652	76838	73865
宁德市	407790	252206		426	134675	20483

注：本表数据范围为联网直报房地产开发企业

3-28 按设区市、用途分组的房地产开发企业商品房销售面积

单位：平方米

地 区	商品房销售面积	住 宅	#别墅、高档公寓	办公楼	商业营业用房	其他
全 省	**46761600**	**39574584**	**987525**	**2114202**	**2425288**	**2647526**
福州市	12564926	11054793	242453	652306	395616	462211
#平潭	347639	326703	2118		5228	15708
厦门市	7937657	5885785	179506	671407	214200	1166265
莆田市	2884312	2361068	20525	146536	284714	91994
三明市	2634560	2375939	36476	1715	175411	81495
泉州市	9087271	7835380	386993	390270	509751	351870
漳州市	4895825	4287970	59274	110191	266518	231146
南平市	2617945	2365892	25221	13456	205763	32834
龙岩市	2302922	1738037	14111	61800	278266	224819
宁德市	1836182	1669720	22966	66521	95049	4892

注：本表数据范围为联网直报房地产开发企业

3-29　按设区市、用途分组的房地产开发企业商品房现房销售面积

单位：平方米

地　区	商品房现房销售面积	住　宅	#别墅、高档公寓	办公楼	商业营业用房	其他
全　省	**3938906**	**2404169**	**148221**	**343423**	**492840**	**698474**
福州市	266344	172780	46249	4958	49624	38982
#平潭	2099	2099				
厦门市	1225981	522060	29280	250344	46660	406917
莆田市	384029	251440	791	20494	83120	28975
三明市	124892	90236	1977	420	18647	15589
泉州市	670177	496094	40628	27197	69150	77736
漳州市	555066	351659	16782	23858	93279	86270
南平市	462290	348514	9260	13456	89544	10776
龙岩市	133227	68359	3254	2696	32243	29929
宁德市	116900	103027			10573	3300

注：本表数据范围为联网直报房地产开发企业

3-30　按设区市、用途分组的房地产开发企业商品房期房销售面积

单位：平方米

地　区	商品房期房销售面积	住　宅	#别墅、高档公寓	办公楼	商业营业用房	其他
全　省	**42822694**	**37170415**	**839304**	**1770779**	**1932448**	**1949052**
福州市	12298582	10882013	196204	647348	345992	423229
#平潭	345540	324604	2118		5228	15708
厦门市	6711676	5363725	150226	421063	167540	759348
莆田市	2500283	2109628	19734	126042	201594	63019
三明市	2509668	2285703	34499	1295	156764	65906
泉州市	8417094	7339286	346365	363073	440601	274134
漳州市	4340759	3936311	42492	86333	173239	144876
南平市	2155655	2017378	15961		116219	22058
龙岩市	2169695	1669678	10857	59104	246023	194890
宁德市	1719282	1566693	22966	66521	84476	1592

注：本表数据范围为联网直报房地产开发企业

3-31 按设区市、用途分组的房地产开发企业房屋出租面积

单位：平方米

地 区	房屋出租面 积	住 宅	#别墅、高档公 寓	办公楼	商业营业用 房	其 他
全 省	**1712442**	**35576**		**37831**	**1337304**	**301731**
福州市	112974				112974	
#平潭						
厦门市	347717			16013	292893	38811
莆田市	100487	5014		1306	19534	74633
三明市	29922	8799			2523	18600
泉州市	639854				568626	71228
漳州市	107864	9859		884	96954	167
南平市	49307	770		1905	43447	3185
龙岩市	264837	11134		17723	140873	95107
宁德市	59480				59480	

注：本表数据范围为联网直报房地产开发企业

3-32 按设区市、用途分组的房地产开发企业商品房销售额

单位：万元

地 区	商品房销售额	住 宅	#别墅、高档公 寓	办公楼	商业营业用 房	其 他
全 省	**42320832**	**34105729**	**1390917**	**2901417**	**3737796**	**1575890**
福州市	14117852	11226626	370919	1293639	1226096	371491
#平潭	298238	283357	3729		9224	5657
厦门市	10752353	8495628	364426	979609	569537	707579
莆田市	2248864	1761909	27835	118184	291460	77311
三明市	1698303	1439604	22839	1046	220291	37362
泉州市	6248245	5170353	470667	298933	596773	182186
漳州市	3008386	2533835	63095	67189	319709	87653
南平市	1406518	1192100	41031	6613	195095	12710
龙岩市	1520368	1125438	7229	63914	232846	98170
宁德市	1319943	1160236	22876	72290	85989	1428

注：本表数据范围为联网直报房地产开发企业

3-33　按设区市、用途分组的房地产开发企业商品房现房销售额

单位：万元

地　区	商品房销售额	住　宅	#别墅、高档公寓	办公楼	商业营业用房	其他
全　省	**3021596**	**1807064**	**209979**	**302215**	**551630**	**360687**
福州市	320049	208286	54613	8209	83702	19852
#平潭	1605	1605				
厦门市	1259904	676056	60598	229997	124270	229581
莆田市	300933	178357	364	12555	89528	20493
三明市	68305	46602	1634	226	14783	6694
泉州市	433715	308658	53255	28471	58397	38189
漳州市	260463	141825	19701	14152	76174	28312
南平市	224216	140344	18323	6613	73768	3491
龙岩市	69575	27910	1491	1992	26296	13377
宁德市	84436	79026			4712	698

注：本表数据范围为联网直报房地产开发企业

3-34　按设区市、用途分组的房地产开发企业商品房期房销售额

单位：万元

地　区	商品房销售额	住　宅	#别墅、高档公寓	办公楼	商业营业用房	其他
全　省	**39299236**	**32298665**	**1180938**	**2599202**	**3186166**	**1215203**
福州市	13797803	11018340	316306	1285430	1142394	351639
#平潭	296633	281752	3729		9224	5657
厦门市	9492449	7819572	303828	749612	445267	477998
莆田市	1947931	1583552	27471	105629	201932	56818
三明市	1629998	1393002	21205	820	205508	30668
泉州市	5814530	4861695	417412	270462	538376	143997
漳州市	2747923	2392010	43394	53037	243535	59341
南平市	1182302	1051756	22708		121327	9219
龙岩市	1450793	1097528	5738	61922	206550	84793
宁德市	1235507	1081210	22876	72290	81277	730

注：本表数据范围为联网直报房地产开发企业

3-35 按设区市、用途分组的房地产开发企业商品房待售面积

单位：平方米

地区	商品房待售面积	住宅	#别墅、高档公寓	办公楼	商业营业用房	其他
全省	**10458437**	**4595209**	**595124**	**488769**	**2405338**	**2969121**
福州市	1321110	727686	124539	49951	161246	382227
#平潭	5150	3000			460	1690
厦门市	2593693	921158	185915	199067	378085	1095383
莆田市	1597858	752067	90397	66034	389431	390326
三明市	328339	118550	6567	16173	106922	86694
泉州市	1880076	930975	84223	50630	534244	364227
漳州市	1101072	544368	72882	14479	288659	253566
南平市	600525	225797	14095	3433	262118	109177
龙岩市	819004	251210	9771	89002	197682	281110
宁德市	216760	123398	6735		86951	6411

注：本表数据范围为联网直报房地产开发企业

3-36 按设区市、时间分组的房地产开发企业商品房屋待售情况

单位：平方米

地区	商品房待售面积	#待售1-3年面积	#待售3年以上面积
全省	**10458437**	**5090142**	**1036242**
福州市	1321110	334697	108069
#平潭	5150	5150	
厦门市	2593693	1842388	228422
莆田市	1597858	1054227	61030
三明市	328339	137532	9529
泉州市	1880076	689141	257244
漳州市	1101072	353692	139813
南平市	600525	349136	91272
龙岩市	819004	262528	105743
宁德市	216760	66801	35120

注：本表数据范围为联网直报房地产开发企业

3-37　分设区市房地产开发企业土地开发及其购置情况

地　区	待开发土地面积 (平方米)	本年土地购置面积 (平方米)	本年土地成交价款 (万元)
全　省	**8621693**	**15911267**	**5321581**
福州市	1970210	3904395	1424644
#平潭			
厦门市	327919	1251044	1103705
莆田市	367260	1002371	398048
三明市	325712	1312608	292008
泉州市	1478127	1660814	546052
漳州市	3004443	2332928	381268
南平市	360754	1782209	332264
龙岩市	85787	1552659	460781
宁德市	701481	1112239	382811

注：本表数据范围为联网直报房地产开发企业

3-38　分设区市房地产开发企业主营业务收入及其构成

单位：万元

地　区	主营业务收入总计	土地转让收　入	商品房销售收入	房屋出租收　入	其他收入
全　省	**27862740**	**217109**	**26802272**	**232579**	**610779**
福州市	7905573	11148	7760263	38182	95980
#平潭	162095		161840	21	234
厦门市	6943877	157382	6243858	130012	412626
莆田市	1490084		1467952	2877	19256
三明市	1110509		1102178	2584	5748
泉州市	4340910	45796	4212582	41808	40725
漳州市	2644691		2618612	5388	20691
南平市	981556		973485	1310	6761
龙岩市	978937	2575	964100	7847	4416
宁德市	1466602	208	1459244	2573	4577

注：本表数据范围为联网直报房地产开发企业

第4篇

重点服务业企业财务状况

4-01 交通运输、仓储和邮政业企业法人单位主要指标

行 业	单位数（个）	资产总计（万元）	营业收入（万元）	从业人员（人）
总 计	**8764**	**66479501**	**16987354**	**346063**
铁路运输业	10	18940796	911718	2713
道路运输业	4059	23081473	5138529	175862
城市公共交通运输	288	1452041	413195	41135
公路旅客运输	333	1354299	763863	42653
道路货物运输	3016	3086558	3010343	75362
道路运输辅助活动	422	17188575	951128	16712
水上运输业	805	9125448	2513017	30493
水上旅客运输	59	207574	89917	3539
水上货物运输	534	2872536	822889	17125
水上运输辅助活动	212	6045338	1600211	9829
航空运输业	49	4569754	2490748	15001
航空客货运输	21	3747589	2277007	9335
通用航空服务	8	33614	29483	1144
航空运输辅助活动	20	788551	184257	4522
管道运输业				
管道运输业				
装卸搬运和运输代理业	2862	7255263	4500820	71702
装卸搬运	372	2245988	338217	17362
运输代理业	2490	5009275	4162603	54340
仓储业	609	2760250	637437	12561
谷物、棉花等农产品仓储	118	676908	260992	2220
其他仓储业	491	2083343	376445	10341
邮政业	370	746517	795085	37731
邮政基本服务	38	423894	368924	21449
快递服务	332	322623	426161	16282

4-02 分设区市交通运输、仓储和邮政业企业法人单位主要指标

地 区	单位数（个）	资产总计（万元）	营业收入（万元）	从业人员（人）
全 省	**8754**	**47538705**	**16075636**	**343350**
福州市	1804	11235021	3403644	84724
#平潭	292	513856	145327	4801
厦门市	2525	16679833	7890329	100749
莆田市	358	984669	305564	12573
三明市	562	4800391	432805	17529
泉州市	1406	4768153	2454901	61841
漳州市	786	2887976	654664	20425
南平市	544	2051004	333486	16708
龙岩市	309	1909625	289280	13192
宁德市	460	2222034	310963	15609

注：不含铁路运输业

4-03 信息传输、软件和信息技术服务业企业法人单位主要指标

行　　业	单位数(个)	资产总计(万元)	营业收入(万元)	从业人员(人)
总　计	**6340**	**11075308**	**7753931**	**150756**
电信、广播电视和卫星传输服务	329	6228364	4855140	47134
电信	265	6049165	4773913	42654
广播电视传输服务	58	172565	76129	4277
卫星传输服务	6	6634	5098	203
互联网和相关服务	939	427774	390973	14459
互联网接入及相关服务	90	33293	30213	1201
互联网信息服务	685	358780	343405	11557
其他互联网服务	164	35701	17355	1701
软件和信息技术服务业	5072	4419170	2507817	89163
软件开发	3053	3066962	1805105	60208
信息系统集成服务	624	542332	318203	10527
信息技术咨询服务	698	306512	160594	7889
数据处理和存储服务	158	41868	33657	1839
集成电路设计	68	51022	20048	1194
其他信息技术服务业	471	410474	170210	7506

4-04 分设区市信息传输、软件和信息技术服务业企业法人单位主要指标

地　区	单位数(个)	资产总计(万元)	营业收入(万元)	从业人员(人)
全　省	**6340**	**11075308**	**7753931**	**150756**
福州市	2403	4136435	2788756	58666
#平潭	35	4483	3356	293
厦门市	2353	2870842	1821554	51355
莆田市	151	392887	327442	3827
三明市	128	387703	226855	3617
泉州市	692	1420066	1294110	16912
漳州市	224	552116	486097	5386
南平市	140	348845	234146	3967
龙岩市	111	569218	276479	3540
宁德市	138	397195	298493	3486

4-05　分登记注册类型信息传输、软件和信息技术服务业企业法人单位主要指标

登记注册类型	单位数(个)	资产总计(万元)	营业收入(万元)	从业人员(人)
总　计	**6340**	**11075308**	**7753931**	**150756**
内资企业	6137	9490771	6667026	133118
国有企业	68	795173	670291	6767
集体企业	17	16400	13917	567
股份合作企业	19	3880	3754	290
联营企业	5	776	1201	37
有限责任公司	1693	4055372	3269596	46322
股份有限公司	146	2404223	1202847	15907
私营企业	3866	2071540	1430504	59468
其他企业	323	143405	74917	3760
港、澳、台商投资企业	97	956411	518303	6470
外商投资企业	106	628126	568602	11168

4-06　金融业企业法人单位主要指标

行　业	单位数(个)	资产总计(万元)	营业收入(万元)	从业人员(人)
总　计	**914**	**502901529**	**20636139**	**88542**
货币金融服务	482	484461692	15334149	76763
资本市场服务	17	4997377	501640	7784
保险业	375	11123011	4411333	3081
其他金融业	40	2319449	389017	914

4-07　房地产业企业法人单位主要指标

行　业	单位数(个)	资产总计(万元)	营业收入(万元)	从业人员(人)
总　计	**9811**	**183447997**	**29930903**	**263263**
房地产开发经营	4040	172740944	28359777	101726
物业管理	2859	3988308	999609	126457
房地产中介服务	1730	731557	254373	20529
自有房地产经营活动	915	2835043	209055	10302
其他房地产业	267	3152146	108090	4249

4-08 分设区市房地产业企业法人单位主要指标

地区	单位数（个）	资产总计（万元）	营业收入（万元）	从业人员（人）
全省	**9811**	**183447997**	**29930903**	**263263**
福州市	2033	57961107	8447422	73876
#平潭	108	1840644	171063	2432
厦门市	2276	52663642	7583266	74356
莆田市	478	7463637	1660603	10329
三明市	666	7220427	1156535	11665
泉州市	1598	28325936	4678577	35748
漳州市	989	11874940	2739871	22093
南平市	685	5102390	1073482	11696
龙岩市	522	7204068	1062346	12586
宁德市	564	5631850	1528801	10914

4-09 分登记注册类型房地产业企业法人单位主要指标

登记注册类型	单位数（个）	资产总计（万元）	营业收入（万元）	从业人员（人）
总计	**9811**	**183447997**	**29930903**	**263263**
内资企业	9060	157680600	26432946	235128
国有企业	485	12327882	1052785	18977
集体企业	325	1403525	93940	4813
股份合作企业	33	12123	4094	407
联营企业	25	162440	2092	314
有限责任公司	3304	94655657	15766562	105330
股份有限公司	242	5256227	863403	5265
私营企业	4370	43580909	8607242	94812
其他企业	276	281887	42867	5210
港、澳、台商投资企业	554	20678929	3019404	19745
外商投资企业	197	5088469	478553	8390

4-10　租赁和商务服务业企业法人单位主要指标

行　业	单位数（个）	资产总计（万元）	营业收入（万元）	从业人员（人）
总　计	**26270**	**134325333**	**10196866**	**345472**
租赁业	1855	1518436	433286	14265
机械设备租赁	1783	1468193	426046	13652
文化及日用品出租	72	50244	7240	613
商务服务业	24415	132806897	9763580	331207
企业管理服务	6559	116908038	4935666	103280
法律服务	519	129987	126549	7699
咨询与调查	5385	5260572	554790	43812
广告业	5376	1459292	1515124	44335
知识产权服务	224	32987	28779	1806
人力资源服务	1043	270007	364412	33703
旅行社及相关服务	1268	1185503	1093340	18222
安全保护服务	249	168516	195952	43302
其他商务服务业	3792	7391994	948968	35048

4-11　分设区市租赁和商务服务业企业法人单位主要指标

地　区	单位数（个）	资产总计（万元）	营业收入（万元）	从业人员（人）
全　省	**26270**	**134325333**	**10196866**	**345472**
福州市	7117	60095675	4421636	135027
#平潭	418	3406650	184468	4183
厦门市	6828	28633168	1825324	81462
莆田市	978	3617907	276101	8076
三明市	1488	4930302	372859	12876
泉州市	3953	11221886	1298697	43448
漳州市	1859	8010994	555803	20197
南平市	1682	7770357	493054	16044
龙岩市	945	6005519	732195	15025
宁德市	1420	4039526	221196	13317

4-12 分登记注册类型租赁和商务服务业企业法人单位主要指标

登记注册类型	单位数(个)	资产总计(万元)	营业收入(万元)	从业人员(人)
总　计	**26270**	**134325333**	**10196866**	**345472**
内资企业	25972	126216843	9694396	339816
国有企业	810	24683383	1529315	29195
集体企业	421	567387	114860	13150
股份合作企业	137	84689	19933	1281
联营企业	59	84197	13047	851
有限责任公司	6893	63108954	3358455	114336
股份有限公司	593	16142360	1611439	22259
私营企业	15427	20001714	2783277	146427
其他企业	1632	1544160	264070	12317
港、澳、台商投资企业	166	5823058	90093	2338
外商投资企业	132	2285432	412377	3318

4-13 科学研究和技术服务业企业法人单位主要指标

行　业	单位数(个)	资产总计(万元)	营业收入(万元)	从业人员(人)
总　计	**9010**	**10692391**	**4103797**	**158913**
研究和试验发展	1052	1061439	307105	12085
自然科学研究和试验发展	132	91144	15663	1030
工程和技术研究和试验发展	515	657779	181380	6766
农业科学研究和试验发展	233	223191	83528	2432
医学研究和试验发展	157	86363	25560	1686
社会人文科学研究	15	2962	973	171
专业技术服务业	5385	7677835	2772971	110989
气象服务	31	5061	4450	327
地震服务	2	60	10	9
海洋服务	17	11670	5283	218
测绘服务	192	58736	64796	3160
质检技术服务	408	232884	150813	8426
环境与生态监测	77	37229	19970	998
地质勘查	93	161826	55377	1754
工程技术	2818	6338214	2019335	66816
其他专业技术服务业	1747	832155	452937	29281
科技推广和应用服务业	2573	1953117	1023721	35839
技术推广服务	2267	1591893	928362	33030
科技中介服务	111	218759	28138	1252
其他科技推广和应用服务业	195	142466	67221	1557

4-14　分设区市科学研究和技术服务业企业法人单位主要指标

地　区	单位数(个)	资产总计(万元)	营业收入(万元)	从业人员(人)
全　省	**9010**	**10692391**	**4103797**	**158913**
福州市	2428	3769332	2348304	61559
#平潭	52	87445	8931	736
厦门市	2249	3718580	759544	38048
莆田市	247	471234	58108	3039
三明市	531	371280	99466	6558
泉州市	1725	790196	338061	25825
漳州市	621	253508	116020	7725
南平市	401	193478	76434	5221
龙岩市	463	807887	171447	6962
宁德市	345	316897	136411	3976

4-15　分登记注册类型科学研究和技术服务业企业法人单位主要指标

登记注册类型	单位数(个)	资产总计(万元)	营业收入(万元)	从业人员(人)
总　计	**9010**	**10692391**	**4103797**	**158913**
内资企业	8844	10162728	3475579	154605
国有企业	396	1694818	465897	14423
集体企业	131	89208	43521	2295
股份合作企业	38	24628	8287	841
联营企业	18	6022	1037	130
有限责任公司	1965	4922511	1366501	49805
股份有限公司	167	484661	102081	4485
私营企业	4543	2549424	1231496	57131
其他企业	1586	391457	256760	25495
港、澳、台商投资企业	86	208681	57791	1982
外商投资企业	80	320983	570426	2326

4-16 水利、环境和公共设施管理业企业法人单位主要指标

行　业	单位数 (个)	资产总计 (万元)	营业收入 (万元)	从业人员 (人)
总　计	**1765**	**6686233**	**1001477**	**39214**
水利管理业	172	633977	64647	2844
防洪除涝设施管理	22	59427	21736	495
水资源管理	38	77044	19106	763
天然水收集与分配	51	95089	13463	848
水文服务	1	38216		40
其他水利管理业	60	364201	10343	698
生态保护和环境治理业	213	500614	119451	5114
生态保护	28	58067	13879	360
环境治理业	185	442547	105573	4754
公共设施管理业	1380	5551643	817378	31256
市政设施管理	174	3059372	418243	4054
环境卫生管理	148	151222	53850	4402
城乡市容管理	53	148452	12430	807
绿化管理	412	400691	139751	7529
公园和游览景区管理	593	1791906	193104	14464

4-17 分设区市水利、环境和公共设施管理业企业法人单位主要指标

地　区	单位数 (个)	资产总计 (万元)	营业收入 (万元)	从业人员 (人)
全　省	**1765**	**6686233**	**1001477**	**39214**
福州市	269	1004644	124375	5583
#平潭	14	7461	1982	197
厦门市	259	1105207	161477	7730
莆田市	108	386736	177178	2003
三明市	176	561202	52376	4251
泉州市	263	1033113	228581	5512
漳州市	222	720580	135097	3787
南平市	177	322904	56605	4043
龙岩市	143	614900	42875	3832
宁德市	148	936945	22912	2473

4-18　分登记注册类型水利、环境和公共设施管理业企业法人单位主要指标

登记注册类型	单位数（个）	资产总计（万元）	营业收入（万元）	从业人员（人）
总　计	**1765**	**6686233**	**1001477**	**39214**
内资企业	1718	6394267	888142	37879
国有企业	132	1572151	95488	4645
集体企业	48	235157	9110	774
股份合作企业	8	1978	746	58
联营企业	3	64	88	28
有限责任公司	533	3547229	519301	12066
股份有限公司	39	140259	42191	2548
私营企业	813	794357	190556	16171
其他企业	142	103071	30661	1589
港、澳、台商投资企业	34	207739	95530	895
外商投资企业	13	84228	17805	440

4-19　居民服务、修理和其他服务业企业法人单位主要指标

行　业	单位数（个）	资产总计（万元）	营业收入（万元）	从业人员（人）
总　计	**5592**	**1477318**	**1019798**	**80411**
居民服务业	1968	556511	349501	32066
家庭服务	344	22952	27442	4521
托儿所服务	9	717	927	105
洗染服务	114	31914	21297	1924
理发及美容服务	324	30601	31985	3242
洗浴服务	223	81196	49868	5002
保健服务	433	95949	68339	8858
婚姻服务	138	4664	6557	738
殡葬服务	127	222579	94405	3039
其他居民服务业	256	65940	48681	4637
机动车、电子产品和日用产品修理业	2680	577377	491631	28783
汽车、摩托车修理与维护	2030	450035	408954	23504
计算机和办公设备维修	289	62906	38135	2372
家用电器修理	257	26105	26286	1895
其他日用产品修理业	104	38330	18255	1012
其他服务业	944	343429	178666	19562
清洁服务	713	130098	120090	17357
其他未列明服务业	231	213332	58576	2205

4-20 分设区市居民服务、修理和其他服务业企业法人单位主要指标

地 区	单位数(个)	资产总计(万元)	营业收入(万元)	从业人员(人)
全 省	**5592**	**1477318**	**1019798**	**80411**
福州市	1509	456773	328231	24146
#平潭	62	8706	4939	757
厦门市	1584	410267	243688	22253
莆田市	201	54781	50202	2672
三明市	259	39982	20344	2464
泉州市	889	233839	199549	13352
漳州市	391	100193	74866	5674
南平市	297	67563	40539	3697
龙岩市	183	30950	29813	2731
宁德市	279	82969	32566	3422

4-21 分登记注册类型居民服务、修理和其他服务业企业法人单位主要指标

登记注册类型	单位数(个)	资产总计(万元)	营业收入(万元)	从业人员(人)
总 计	**5592**	**1477318**	**1019798**	**80411**
内资企业	5537	1408726	970280	78493
国有企业	62	77244	14269	1085
集体企业	94	22736	12060	1049
股份合作企业	34	3545	4841	621
联营企业	10	1811	301	53
有限责任公司	1093	446204	281483	18611
股份有限公司	82	32286	14681	1291
私营企业	3808	778035	602877	52395
其他企业	354	46865	39768	3388
港、澳、台商投资企业	41	39160	28689	1036
外商投资企业	14	29431	20828	882

4-22　教育企业法人单位主要指标

行　业	单位数 (个)	资产总计 (万元)	营业收入 (万元)	从业人员 (人)
总　计	**2074**	**653925**	**386277**	**44729**
学前教育	614	69069	53501	11533
初等教育	22	12633	2607	1182
中等教育	36	90232	24634	3608
高等教育	7	199783	36429	1697
特殊教育	5	6594	652	101
技能培训、教育辅助及其他教育	1390	275614	268454	26608

4-23　分设区市教育企业法人单位主要指标

地　区	单位数 (个)	资产总计 (万元)	营业收入 (万元)	从业人员 (人)
全　省	**2074**	**653925**	**386277**	**44729**
福州市	478	117841	80341	9459
#平潭	27	6994	5072	835
厦门市	508	71172	69895	8211
莆田市	113	23993	21724	2201
三明市	104	17007	12802	1818
泉州市	401	130596	81141	9449
漳州市	132	214197	68533	5912
南平市	109	26679	14115	2761
龙岩市	122	14974	19200	2308
宁德市	107	37466	18525	2610

4-24 分登记注册类型教育企业法人单位主要指标

登记注册类型	单位数(个)	资产总计(万元)	营业收入(万元)	从业人员(人)
总 计	**2074**	**653925**	**386277**	**44729**
内资企业	2063	640863	383096	44374
国有企业	63	21029	6926	1894
集体企业	24	4897	4189	611
股份合作企业	23	3797	4070	597
联营企业	9	1240	3472	164
有限责任公司	307	75967	62498	6699
股份有限公司	29	3803	4704	471
私营企业	1081	223931	174744	20135
其他企业	527	306199	122492	13803
港、澳、台商投资企业	7	5290	1739	251
外商投资企业	4	7772	1442	104

4-25 卫生和社会工作企业法人单位主要指标

行 业	单位数(个)	资产总计(万元)	营业收入(万元)	从业人员(人)
总 计	**1146**	**697242**	**436315**	**27385**
卫生	1070	623825	432817	26765
医院	226	540390	345288	18973
社区医疗与卫生院	73	18981	14910	1324
门诊部(所)	741	52577	65065	5908
专科疾病防治院(所、站)	8	442	605	53
其他卫生活动	22	11435	6949	507
社会工作	76	73417	3499	620
提供住宿社会工作	51	68415	2627	453
不提供住宿社会工作	25	5002	871	167

4-26　分设区市卫生和社会工作企业法人单位主要指标

地　区	单位数(个)	资产总计(万元)	营业收入(万元)	从业人员(人)
全　省	**1146**	**697242**	**436315**	**27385**
福州市	481	123984	109105	7349
#平潭	17	21849	986	159
厦门市	161	225705	107557	5534
莆田市	36	21375	17931	1413
三明市	71	13559	4897	632
泉州市	210	97360	62248	5494
漳州市	62	62372	18522	1682
南平市	42	14603	8120	917
龙岩市	41	71555	26423	1900
宁德市	42	66729	81512	2464

4-27　分登记注册类型卫生和社会工作企业法人单位主要指标

登记注册类型	单位数(个)	资产总计(万元)	营业收入(万元)	从业人员(人)
总　计	**1146**	**697242**	**436315**	**27385**
内资企业	1141	535789	392615	25817
国有企业	29	105444	103742	3455
集体企业	52	13013	10849	952
股份合作企业	9	21901	13264	857
联营企业	7	74	175	23
有限责任公司	48	65296	27467	1411
股份有限公司	2	12143	6775	404
私营企业	666	126301	137896	11360
其他企业	328	191616	92446	7355
港、澳、台商投资企业	3	14623	3789	264
外商投资企业	2	146829	39911	1304

4-28 文化、体育和娱乐业企业法人单位主要指标

行　业	单位数（个）	资产总计（万元）	营业收入（万元）	从业人员（人）
总　计	**4912**	**3548219**	**1229909**	**73465**
新闻出版业	108	531139	202499	6477
新闻业	9	7873	2827	148
出版业	99	523266	199672	6329
广播、电视、电影和音像业	332	667696	282984	9342
广播	10	157663	92605	2620
电视	19	81132	32388	791
电影和影视节目制作	116	234591	50104	2360
电影和影视节目发行	23	23724	15742	390
电影放映	146	169362	91649	3102
录音制作	18	1224	496	79
文化艺术业	623	924008	91731	9487
文艺创作与表演	271	159926	47879	6478
艺术表演场馆	3	998	1813	105
图书馆与档案馆	17	1856	1770	226
文物及非物质文化遗产保护	28	658747	9772	468
博物馆	17	13425	1222	100
烈士陵园、纪念馆	2	52	410	11
群众文化活动	48	6586	4333	411
其他文化艺术业	237	82419	24533	1688
体育	458	530085	68593	6767
体育组织	40	24710	2691	362
体育场馆	48	85634	9703	666
休闲健身活动	327	253291	48787	5047
其他体育	43	166450	7412	692
娱乐业	3391	895291	584101	41392
室内娱乐活动	3183	461061	531726	37139
游乐园	61	366862	32662	2641
彩票活动	4	37	209	26
文化、娱乐、体育经纪代理	74	19168	7404	547
其他娱乐业	69	48163	12100	1039

4-29　分地区文化、体育和娱乐业企业法人单位主要指标

地　区	单位数（个）	资产总计（万元）	营业收入（万元）	从业人员（人）
全　省	**4912**	**3548219**	**1229909**	**73465**
福州市	1079	1779401	508630	25254
#平潭	55	23925	11080	1071
厦门市	618	756027	211251	13074
莆田市	304	77717	58311	3550
三明市	379	152680	51991	3570
泉州市	898	353016	183420	11476
漳州市	569	125544	79740	5768
南平市	323	100697	35274	3343
龙岩市	417	143594	46827	3603
宁德市	325	59543	54466	3827

4-30　分登记注册类型文化、体育和娱乐业企业法人单位主要指标

登记注册类型	单位数（个）	资产总计（万元）	营业收入（万元）	从业人员（人）
总　计	**4912**	**3548219**	**1229909**	**73465**
内资企业	4849	3283907	1198444	70362
国有企业	139	552030	204870	8292
集体企业	39	26181	4875	614
股份合作企业	30	4819	2660	354
联营企业	10	23278	2304	250
有限责任公司	576	1565236	290435	14099
股份有限公司	64	146042	46894	1045
私营企业	3432	807548	535391	38525
其他企业	559	158774	111015	7183
港、澳、台商投资企业	45	216644	23515	2375
外商投资企业	18	47669	7949	728

4-31 分行业国有控股企业主要指标

行业	单位数（个）	资产总计（万元）	营业收入（万元）	从业人员（人）
总 计	**3784**	**121761482**	**18122969**	**335231**
交通运输、仓储和邮政业	**704**	**31190322**	**8226704**	**147850**
道路运输业	297	16828446	1827747	78581
水上运输业	82	5493985	1609915	8736
航空运输业	16	4420728	2407111	14241
管道运输业				
装卸搬运和运输代理业	125	2679770	1414771	18337
仓储业	147	1188706	398492	5219
邮政业	37	578688	568668	22736
信息传输、软件和信息技术服务业	**155**	**5762054**	**4268303**	**36153**
电信、广播电视和卫星传输服务	86	5291947	3987294	31702
互联网和相关服务	13	40310	20581	619
软件和信息技术服务业	56	429796	260427	3832
房地产业	**501**	**2573246**	**312480**	**33591**
物业管理业	221	592545	222537	29299
房地产中介服务业	24	155690	21406	770
自有房地产经营活动	201	746517	32796	2518
其他房地产业	55	1078494	35741	1004
租赁和商务服务业	**1320**	**71154450**	**3471303**	**56394**
租赁业	29	127213	23524	557
商务服务业	1291	71027237	3447779	55837
科学研究和技术服务业	**520**	**4692016**	**830110**	**31251**
研究和试验发展	35	75373	17187	1575
专业技术服务业	432	4389574	784676	29082
科技推广和应用服务业	53	227069	28247	594
水利、环境和公共设施管理业	**221**	**4466429**	**505827**	**10374**
水利管理业	57	432609	39519	1161
生态保护和环境治理业	12	140902	27317	537
公共设施管理业	152	3892918	438991	8676
居民服务、修理和其他服务业	**90**	**225360**	**60403**	**2436**
居民服务业	36	80637	27521	938
机动车、电子产品和日用产品修理业	30	16530	12685	648
其他服务业	24	128193	20197	850
教育	**61**	**23905**	**10926**	**2129**
卫生和社会工作	**30**	**135156**	**130502**	**4016**
卫生	23	134708	129849	3991
社会工作	7	448	654	25
文化、体育和娱乐业	**182**	**1538544**	**306411**	**11037**
新闻和出版业	55	369341	135862	4157
广播、电视、电影和影视录音制作业	80	368582	149313	5463
文化艺术业	20	690608	11218	631
体育	18	105200	8674	683
娱乐业	9	4812	1343	103

注：不含铁路运输业、金融业、房地产开发经营

4-32　分行业非公有控股经济企业主要指标

行　业	单位数(个)	资产总计(万元)	营业收入(万元)	从业人员(人)
总　计	**58327**	**80805602**	**20074407**	**874647**
交通运输、仓储和邮政业	**7061**	**12362088**	**6790299**	**162228**
道路运输业	3275	3423718	2891700	82145
水上运输业	609	3129379	747056	16422
航空运输业	30	122859	78943	466
管道运输业				
装卸搬运和运输代理业	2436	4117306	2660614	43978
仓储业	410	1415505	200707	5431
邮政业	301	153320	211279	13786
信息传输、软件和信息技术服务业	**5533**	**4524369**	**2796855**	**98970**
电信、广播电视和卫星传输服务	199	795148	688281	13085
互联网和相关服务	833	355832	341948	12341
软件和信息技术服务业	4501	3373388	1766626	73544
房地产业	**4300**	**5947050**	**974553**	**96227**
物业管理业	2168	2885469	583323	72552
房地产中介服务业	1560	509110	197561	17021
自有房地产经营活动	405	1611841	137488	4154
其他房地产业	167	940630	56181	2500
租赁和商务服务业	**21639**	**48440593**	**4528286**	**226186**
租赁业	1623	1143866	259907	11964
商务服务业	20016	47296727	4268379	214222
科学研究和技术服务业	**6968**	**4449375**	**2480482**	**97707**
研究和试验发展	914	932983	275941	9460
专业技术服务业	4330	2381767	1364250	65565
科技推广和应用服务业	1724	1134625	840291	22682
水利、环境和公共设施管理业	**1277**	**1661635**	**422078**	**23933**
水利管理业	65	148539	11353	718
生态保护和环境治理业	176	289971	85534	4188
公共设施管理业	1036	1223125	325191	19027
居民服务、修理和其他服务业	**4933**	**1105123**	**846927**	**68871**
居民服务业	1683	410853	265963	26399
机动车、电子产品和日用产品修理业	2427	512329	436962	25356
其他服务业	823	181941	144002	17116
教育	**1582**	**374197**	**271345**	**31598**
卫生和社会工作	**836**	**420941**	**241284**	**17111**
卫生	797	362163	239216	16769
社会工作	39	58778	2068	342
文化、体育和娱乐业	**4198**	**1520232**	**722297**	**51816**
新闻和出版业	32	22973	3902	344
广播、电视、电影和影视录音制作业	194	237215	99472	2883
文化艺术业	491	162951	57543	6672
体育	378	381926	49410	4958
娱乐业	3103	715167	511970	36959

注：不含铁路运输业、金融业、房地产开发经营

4-33 规模以上交通运输、仓储和

行　业	固定资产原价	本年折旧	资产总计	负债合计	所有者权益合计	营业收入	营业成本
总　计	**18172718**	**818860**	**32184717**	**16764526**	**15420191**	**10849396**	**9018462**
铁路运输业	331626	5150	5036261	1522690	3513571	58648	48508
道路运输业	7732277	247039	10312660	5717766	4594894	2973856	2344604
城市公共交通运输	610854	78361	704358	500377	203981	311715	453311
公路旅客运输	702680	55048	1116193	603441	512752	580113	496693
道路货物运输	590311	60951	1220465	635249	585216	1432806	1201667
道路运输辅助活动	5828432	52680	7271644	3978699	3292945	649223	192932
水上运输业	4008477	238489	7075744	3887850	3187894	1933140	1600010
水上旅客运输	59442	2857	100195	34553	65642	38951	25691
水上货物运输	1372288	91090	1617804	995117	622687	467413	402727
水上运输辅助活动	2576747	144542	5357746	2858181	2499565	1426777	1171593
航空运输业	3549344	212994	4473611	2660037	1813574	2455422	1955603
航空客货运输	3013595	191031	3732246	2444919	1287327	2256101	1847721
通用航空服务	6058	871	17743	4806	12937	18503	13229
航空运输辅助活动	529691	21093	723621	210312	513309	180818	94653
管道运输业							
管道运输业							
装卸搬运和运输代理业	1590606	72373	3213247	1874124	1339122	2471573	2220838
装卸搬运	916349	30464	1292654	664371	628284	251443	172327
运输代理业	674256	41908	1920592	1209754	710839	2220131	2048511
仓储业	449996	20423	1474250	832032	642218	349295	293658
谷物、棉花等农产品仓储	77348	3061	393530	313335	80194	170942	171623
其他仓储业	372649	17362	1080720	518697	562024	178353	122035
邮政业	510393	22392	598945	270027	328919	607462	555241
邮政基本服务	440205	16963	397006	171192	225814	337818	314062
快递服务	70188	5429	201939	98835	103104	269644	241179

邮政业企业法人单位主要指标

单位：万元

营业税金及附加	销售费用、管理费用、财务费用合计	投资收益	营业利润	利润总额	应交所得税	应付职工薪酬	应交增值税	从业人员期末人数（人）
110685	**1340994**	**103004**	**550942**	**942120**	**220666**	**1597839**	**213602**	**199431**
721	4487		5609	5719	1589	13042	4	2350
31816	499277	19200	142777	363761	57659	541442	63293	105425
2584	55546	4914	-193736	-15040	4472	182294	12049	31723
5210	89194	9683	12014	54869	12732	140699	13967	34891
15572	160576	1200	67497	66062	14832	164060	36027	31767
8450	193963	3403	257002	257871	25623	54389	1249	7044
34172	247044	59783	127722	181330	52997	213039	24576	15117
590	6811	133	5969	7237	2670	12866	928	1343
5290	82912	11882	-15398	-12406	3748	50572	9017	8412
28291	157322	47768	137151	186500	46579	149601	14632	5362
21869	246956	10391	239171	301858	77340	322515	48890	14216
17046	225258	7162	171215	223953	59999	279637	43084	9032
87	1184		3985	3992	146	5898	10	894
4736	20514	3229	63971	73912	17196	36981	5797	4290
8888	201182	13014	76758	95074	25282	186763	64210	30388
1496	48374	1752	30494	31827	9926	64335	9159	8877
7392	152807	11262	46264	63247	15356	122428	55051	21511
1914	68372	591	-12068	12631	2590	34042	3185	4579
67	21233	213	-20960	2371	72	5351	20	758
1847	47139	379	8892	10261	2519	28691	3165	3821
11305	73677	25	-29027	-18253	3208	286996	9444	27356
6007	42543	17	-22444	-17400	63	184856	544	19661
5298	31134	8	-6582	-853	3146	102140	8899	7695

4-34 规模以上信息传输、软件和信息

行业	固定资产原价	本年折旧	资产总计	负债合计	所有者权益合计	营业收入	营业成本
总计	**11042245**	**742038**	**8278522**	**2593113**	**5685409**	**6083872**	**2818750**
电信、广播电视和卫星传输服务	10747031	715570	5967726	1635715	4332011	4578198	2044716
电信	10594559	701804	5842023	1592122	4249901	4548199	2021801
广播电视传输服务	150822	13646	119325	42110	77215	25334	21001
卫星传输服务	1650	121	6378	1483	4895	4665	1914
互联网和相关服务	36743	3858	206170	74548	131622	252867	89783
互联网接入及相关服务	1246	134	6173	3366	2807	11995	7944
互联网信息服务	35447	3723	199847	71167	128680	240742	81786
其他互联网服务	50	1	150	15	135	130	53
软件和信息技术服务业	258471	22610	2104626	882850	1221776	1252807	684252
软件开发	182909	16995	1607278	652662	954617	932820	500635
信息系统集成服务	47982	2847	323402	144303	179100	184992	118061
信息技术咨询服务	10012	619	43567	38762	4806	45120	32972
数据处理和存储服务	1829	184	5971	1051	4919	9003	4366
集成电路设计	505	61	10032	4126	5906	9353	8781
其他信息技术服务业	15235	1904	114376	41948	72428	71520	19437

4-35 规模以上物业管理和房地产

行业	固定资产原价	本年折旧	资产总计	负债合计	所有者权益合计	营业收入	营业成本
总计	**222968**	**11340**	**711483**	**461169**	**250314**	**513023**	**288479**
物业管理	205503	10219	609433	411566	197867	441680	270764
房地产中介服务	17465	1121	102050	49603	52447	71343	17715

技术服务业企业法人单位主要指标

单位：万元

营业税金及附加	销售费用、管理费用、财务费用合计	投资收益	营业利润	利润总额	应交所得税	应付职工薪酬	应交增值税	从业人员期末人数(人)
157406	**1682671**	**71060**	**1422674**	**1460002**	**290019**	**641722**	**35498**	**72901**
142784	1170722	-168	1146422	1151638	250297	356007	1650	36052
142070	1163032	-168	1145375	1150032	249789	348415	1259	34379
661	5243		810	916	391	6220	301	1487
53	2447		237	690	117	1372	90	186
3813	136602	7095	29107	34733	3483	32229	1547	5299
149	3194		709	713	14	2142	144	413
3662	133348	7095	28385	34007	3465	30049	1399	4880
3	60		13	13	3	38	4	6
10810	375347	64133	247146	273631	36239	253486	32301	31550
8040	284393	59946	201182	220344	28002	181820	22933	22896
1331	44965	2052	21797	25319	4555	34149	6219	3909
321	15025		-3187	-1923	148	17870	1664	1733
46	3817		742	1021	148	1418	97	260
34	2165		-1584	-1442	20	2789	221	631
1040	24982	2135	28197	30311	3366	15442	1167	2121

中介服务企业法人单位主要指标

单位：万元

营业税金及附加	销售费用、管理费用、财务费用合计	投资收益	营业利润	利润总额	应交所得税	应付职工薪酬	应交增值税	从业人员期末人数(人)
30320	**167909**	**4529**	**30501**	**32434**	**9935**	**271971**	**1228**	**71030**
26257	135290	1719	11310	13177	5851	244906	688	67494
4063	32619	2810	19191	19258	4083	27065	540	3536

4-36 规模以上租赁和商务

行 业	固定资产原 价	本年折旧	资产总计	负债合计	所有者权益合计	营业收入	营业成本
总 计	**2745933**	**129008**	**39826835**	**18035410**	**21791424**	**2733924**	**2209107**
租赁业	20621	2456	388256	288947	99309	50533	23330
机械设备租赁	20621	2456	388256	288947	99309	50533	23330
文化及日用品出租							
商务服务业	2725312	126552	39438579	17746463	21692116	2683391	2185777
企业管理服务	2215727	101706	37160353	16674728	20485625	841719	701803
法律服务	2750	207	8612	7032	1580	23057	8728
咨询与调查	33302	2212	156225	86119	70106	60036	29227
广告业	31581	3484	429614	285508	144106	406385	320568
知识产权服务	540	61	12581	8230	4351	3460	874
人力资源服务	6294	398	75143	46109	29034	169295	147265
旅行社及相关服务	72870	3487	359774	223975	135799	778533	732287
安全保护服务	32971	3482	69225	28331	40894	127633	66147
其他商务服务业	329278	11515	1167054	386432	780622	273274	178878

4-37 规模以上科学研究和技术

行 业	固定资产原 价	本年折旧	资产总计	负债合计	所有者权益合计	营业收入	营业成本
总 计	**442956**	**35078**	**3657853**	**2090299**	**1567554**	**1960835**	**1497665**
研究和试验发展	4643	416	132632	59747	72885	16857	12308
自然科学研究和试验发展							
工程和技术研究和试验发展	711	40	126282	55838	70443	8261	7188
农业科学研究和试验发展	807	82	3458	2064	1394	3469	2768
医学研究和试验发展	3126	294	2892	1845	1048	5127	2352
社会人文科学研究							
专业技术服务业	285109	24700	2894865	1710593	1184272	1319840	920181
气象服务	1750	64	2046	2180	-135	2041	1594
地震服务							
海洋服务	71	11	1544	1259	285	1199	727
测绘服务	5825	581	26323	5861	20461	24983	14058
质检技术服务	40934	2943	78393	23021	55372	66775	43433
环境与生态监测							
地质勘查	22745	3683	38342	19912	18431	22687	18752
工程技术	198876	15818	2655853	1605831	1050022	1057929	730506
其他专业技术服务业	14909	1600	92364	52529	39835	144225	111112
科技推广和应用服务业	153204	9963	630357	319960	310397	624139	565175
技术推广服务	95820	7036	540495	287416	253079	593205	538954
科技中介服务	35153	1320	46187	11206	34981	6460	2827
其他科技推广和应用服务业	22232	1606	43675	21338	22338	24473	23395

服务业企业法人单位主要指标

单位：万元

营业税金及附加	销售费用、管理费用、财务费用合计	投资收益	营业利润	利润总额	应交所得税	应付职工薪酬	应交增值税	从业人员期末人数(人)
47917	**843728**	**740417**	**510055**	**439856**	**19356**	**390670**	**84037**	**95836**
1045	20870	3678	8530	9762	2583	5615	1977	1095
1045	20870	3678	8530	9762	2583	5615	1977	1095
46872	822858	736740	501525	430095	16773	385055	82060	94741
25390	543564	720554	432724	350435	-5835	157055	72061	28818
676	11992		1416	1083	860	7391	322	767
1492	26760	2256	4024	4213	1071	14507	1628	3066
5751	50764	477	29609	30750	8715	26515	5944	3726
110	1952	141	764	895	290	858	87	106
1434	18982	442	2390	2920	651	46963	180	18487
2638	45153	2357	-354	2311	1149	28728	88	6823
2860	48064	386	10834	10853	2431	76280	647	29558
6522	75628	10127	20118	26636	7441	26759	1104	3390

服务业企业法人单位主要指标

单位：万元

营业税金及附加	销售费用、管理费用、财务费用合计	投资收益	营业利润	利润总额	应交所得税	应付职工薪酬	应交增值税	从业人员期末人数(人)
33953	**283568**	**10163**	**167273**	**162807**	**33732**	**377921**	**28824**	**46715**
127	6778	4834	6695	3633	219	2007	515	358
33	3856	4834	6235	3229	13	672	24	143
4	766		-69	-52	1	331	11	74
91	2155		528	456	204	1005	481	141
30509	253986	3124	124650	123115	26412	367184	27014	44192
9	564		-125	30	12	236		111
45	170		258	257	61	31		8
424	6587	-23	3786	3820	757	10430	931	898
1297	12035	548	9952	11322	2024	20507	2367	2450
360	3337	321	583	732	303	4088	488	513
21462	215422	2517	100475	95629	22245	275653	22887	28915
6913	15873	-239	9722	11325	1010	56238	341	11297
3317	22804	2205	35928	36058	7102	8730	1295	2165
2510	18987	1134	34166	34802	6585	6996	1018	1953
738	1523	281	1632	1732	444	850	122	55
69	2294	790	129	-476	73	885	156	157

4-38 规模以上水利、环境和公共设施

行　业	固定资产原　价	本年折旧	资产总计	负债合计	所有者权益合计	营业收入	营业成本
总　计	**411580**	**22386**	**2467910**	**1142986**	**1324924**	**360669**	**237907**
水利管理业	24666	1073	32785	16583	16202	11547	7813
防洪除涝设施管理							
水资源管理	1320	58	1622	324	1297	946	304
天然水收集与分配	23247	1005	28993	14809	14184	7871	5747
水文服务							
其他水利管理业	99	9	2171	1451	720	2731	1762
生态保护和环境治理业	83689	4560	174331	64732	109599	64033	25681
生态保护	7555	244	17398	5626	11773	10473	150
环境治理业	76134	4316	156933	59107	97826	53561	25531
公共设施管理业	303226	16754	2260794	1061670	1199123	285089	204413
市政设施管理	29029	2279	1386375	598501	787873	143852	126790
环境卫生管理	2005	102	6353	2766	3587	6640	4910
城乡市容管理	72	6	527		527	65	52
绿化管理	4861	352	34970	19216	15755	31381	24893
公园和游览景区管理	267259	14016	832570	441188	391382	103151	47768

4-39 规模以上居民服务、修理和

行　业	固定资产原　价	本年折旧	资产总计	负债合计	所有者权益合计	营业收入	营业成本
总　计	**114405**	**7977**	**325446**	**178620**	**146827**	**176346**	**118036**
居民服务业	53708	4240	171135	107452	63682	84117	51020
家庭服务	89	16	176	134	42	145	14
托儿所服务							
洗染服务	6202	337	15814	9692	6122	6007	2785
理发及美容服务	576	47	880	255	626	1708	885
洗浴服务	9388	982	14499	13803	696	10989	4932
保健服务	1291	110	2043	709	1335	3516	948
婚姻服务							
殡葬服务	33907	2632	125956	76518	49439	49690	31382
其他居民服务业	2255	116	11767	6343	5424	12063	10076
机动车、电子产品和日用产品修理业	15694	1949	45878	18442	27436	43078	31150
汽车、摩托车修理与维护	14596	1813	37987	13195	24792	38202	27814
计算机和办公设备维修	663	96	692	365	328	1788	1248
家用电器修理	36	3	1660	-86	1746	2291	1499
其他日用产品修理业	400	37	5539	4968	571	798	590
其他服务业	45002	1788	108434	52725	55709	49151	35865
清洁服务	6164	480	14499	4694	9806	18947	11182
其他未列明服务业	38838	1308	93935	48032	45903	30204	24683

管理业企业法人单位主要指标

单位：万元

营业税金及附加	销售费用、管理费用、财务费用合计	投资收益	营业利润	利润总额	应交所得税	应付职工薪酬	应交增值税	从业人员期末人数(人)
7418	**89085**	**1950**	**33643**	**35707**	**8903**	**50110**	**1044**	**10868**
122	3391		294	200	211	1338	190	375
4	580		58	58	15	293	31	65
101	1544		550	412	193	623	122	245
17	1266		-315	-270	4	422	37	65
730	11620	147	26733	26805	4878	7552	21	1163
356	1978		7990	8039	2012	748	20	109
375	9642	147	18743	18766	2866	6805	1	1054
6566	74075	1803	6617	8702	3814	41220	833	9330
1624	9022	1174	6788	8087	1683	10743	527	1313
288	859	77	584	578	226	2434	1	638
4	4		5	5	1	45		24
996	4087	6	1420	1596	539	4929	46	1252
3655	60103	546	-2181	-1564	1364	23069	260	6103

其他服务业企业法人单位主要指标

单位：万元

营业税金及附加	销售费用、管理费用、财务费用合计	投资收益	营业利润	利润总额	应交所得税	应付职工薪酬	应交增值税	从业人员期末人数(人)
5323	**42789**	**-19**	**10266**	**10151**	**2682**	**38231**	**1959**	**10537**
2440	23730	-18	6895	6414	1743	16951	46	4498
7	251		-127	-75	4	77	1	42
331	2620		518	493	98	1441		317
75	648	-56	90	90	27	645		157
636	4655	-28	449	402	100	3881		1319
202	2014	90	366	278	75	1421		574
958	12211	5	5134	4793	1322	7501	1	1389
232	1330	-30	465	433	118	1985	44	700
696	8137	-1	3278	3260	834	7533	1544	1327
563	6878	-1	3118	3102	797	6248	1442	1019
62	433		57	59	13	664	48	133
55	687		50	46	10	483	31	145
16	139		53	53	13	138	24	30
2186	10922		93	478	106	13747	369	4712
840	6445		396	380	89	12105	279	4225
1347	4476		-302	98	16	1642	90	487

4-40 规模以上教育企业

行　业	固定资产原价	本年折旧	资产总计	负债合计	所有者权益合计	营业收入	营业成本
总　计	**101347**	**6927**	**117867**	**77701**	**40166**	**65344**	**41572**
学前教育	1922	141	3552	2940	612	1305	1267
初等教育							
中等教育	81370	4658	82991	54413	28578	22262	16121
高等教育							
特殊教育							
技能培训、教育辅助及其他教育	18055	2128	31324	20348	10976	41777	24185

4-41 规模以上卫生和社会

行　业	固定资产原价	本年折旧	资产总计	负债合计	所有者权益合计	营业收入	营业成本
总　计	**261417**	**15839**	**362641**	**275618**	**87023**	**169045**	**131713**
卫生	261417	15839	362641	275618	87023	169045	131713
医院	260501	15758	360586	274610	85977	167762	130753
社区医疗与卫生院							
门诊部(所)	916	81	2055	1009	1046	1283	960
计划生育技术服务活动							
妇幼保健院(所、站)							
专科疾病防治院(所、站)							
疾病预防控制中心							
其他卫生活动							
社会工作							
提供住宿社会工作							
不提供住宿社会工作							

法人单位分行业主要指标

单位：万元

营业税金及附加	销售费用、管理费用、财务费用合计	投资收益	营业利润	利润总额	应交所得税	应付职工薪酬	应交增值税	从业人员期末人数（人）
1774	**24860**	**-120**	**-623**	**-1035**	**487**	**30194**	**36**	**6923**
3	486		-5	-11	3	876		238
13	9418		-1563	-1541	18	12850		2734
1758	14956	-120	944	516	465	16469	36	3951

工作企业法人单位主要指标

单位：万元

营业税金及附加	销售费用、管理费用、财务费用合计	投资收益	营业利润	利润总额	应交所得税	应付职工薪酬	应交增值税	从业人员期末人数（人）
141	**49980**	**114**	**-2570**	**-5032**	**1394**	**50062**	**1**	**9296**
141	49980	114	-2570	-5032	1394	50062	1	9296
135	49699	114	-2595	-5057	1394	49468	1	9146
6	281		25	25	0.3	594		150

4-42 规模以上文化、体育和

行　　业	固定资产原　　价	本年折旧	资产总计	负债合计	所有者权益合计	营业收入	营业成本
总　计	**562883**	**20843**	**1973368**	**1016657**	**956711**	**517132**	**313797**
新闻出版业	**131122**	**5638**	**474710**	**114215**	**360496**	**172959**	**107129**
新闻业							
出版业	131122	5638	474710	114215	360496	172959	107129
广播、电视、电影和音像业	**133378**	**3551**	**389584**	**184843**	**204741**	**204766**	**150866**
广播	96074		156563	59100	97463	91474	81466
电视	1724	81	49565	35403	14162	27335	18473
电影和影视节目制作	13935	1003	123812	50793	73020	30065	21627
电影和影视节目发行	581	52	2355	1174	1181	5276	4286
电影放映	21064	2415	57290	38374	18916	50616	25015
录音制作							
文化艺术业	**21883**	**991**	**621888**	**415752**	**206136**	**15131**	**6077**
文艺创作与表演	2060	239	15662	2245	13417	9727	4064
艺术表演场馆	72	12	859	828	31	1257	2013
图书馆与档案馆							
文物及非物质文化遗产保护	19751	740	605367	412680	192687	4147	0
博物馆							
烈士陵园、纪念馆							
群众文化活动							
其他文化艺术业							
体育	**71721**	**2893**	**140057**	**86790**	**53266**	**22221**	**3905**
体育组织	350	43	932	1066	-134	522	280
体育场馆	25702	740	30032	7129	22903	5046	692
休闲健身活动	45669	2110	109093	78596	30497	16653	2933
其他体育							
娱乐业	**204780**	**7770**	**347129**	**215057**	**132072**	**102056**	**45820**
室内娱乐活动	19549	2091	50540	28293	22247	70244	34279
游乐园	178543	5294	282455	171821	110634	27943	9418
彩票活动							
文化、娱乐、体育经纪代理	173	34	2279	1502	777	2360	1989
其他娱乐业	6515	351	11856	13442	-1587	1508	134

娱乐业企业法人单位主要指标

单位：万元

营业税金及附加	销售费用、管理费用、财务费用合计	投资收益	营业利润	利润总额	应交所得税	应付职工薪酬	应交增值税	从业人员期末人数（人）
23301	**181661**	**4260**	**5979**	**41482**	**8124**	**114960**	**11748**	**19631**
3585	**52594**	**1552**	**12005**	**16809**	**2464**	**46529**	**4760**	**5028**
3585	52594	1552	12005	16809	2464	46529	4760	5028
7429	**55044**	**2190**	**-3378**	**22755**	**2240**	**32935**	**6732**	**4624**
3355	25203		-18550	4073		21428	4245	2561
846	3998	362	8160	8419	8	2791	7	443
520	8113	1808	295	2501	406	4163	458	568
49	840	1	-28	969	24	437	3	70
2658	16891	19	6745	6793	1801	4116	2019	982
1175	**9304**	**158**	**-1431**	**1798**	**705**	**4558**	**4**	**912**
341	5770	158	-453	1725	476	3261	4	706
46	1056		-1859	-469		411		61
788	2478		882	542	229	886		145
1608	**18529**	**313**	**-2051**	**-1952**	**542**	**9262**	**13**	**2234**
18	255		-31	-22		155		34
238	3485	164	795	797	299	1873	2	225
1352	14788	149	-2814	-2726	242	7235	12	1975
9505	**46191**	**47**	**834**	**2071**	**2174**	**21676**	**239**	**6833**
7759	25317	42	3179	3228	1608	13896	5	4574
1478	18424	5	-1371	-205	566	6925	232	2010
36	374		-36	-21		201		41
232	2076		-938	-932		654	2	208

第5篇

行政事业、社团及其他单位财务状况

5-01　分行业服务业行政事业及非企业法人单位主要指标

行　业	单位数 (个)	年末资产 (万元)	非企业单位支出(费用) (万元)	从业人员 (人)
信息传输、软件和信息技术服务业	**296**	**228723**	**47663**	**3537**
电信、广播电视和卫星传输服务	202	132842	36772	2805
互联网和相关服务	33	69255	5638	304
软件和信息技术服务业	61	26626	5253	428
房地产	**237**	**656039**	**120048**	**4195**
物业管理	41	2593	1600	495
房地产中介服务	26	7882	1545	191
自有房地产经营活动	26	40408	3446	541
其他房地产业	144	605156	113458	2968
租赁和商务服务业	**2771**	**1272675**	**394517**	**26643**
租赁业	19	291	60	92
机械设备租赁	18	282	51	88
文化及日用品出租	1	9	9	4
商务服务业	2752	1272385	394458	26551
企业管理服务	1337	851560	155385	12796
法律服务	386	32895	23800	2855
咨询与调查	290	49230	22987	2416
广告业	20	2684	2058	185
知识产权服务	10	757	2350	43
人力资源服务	277	136990	127008	2324
旅行社及相关服务	39	13774	14629	450
安全保护服务	59	1096	1727	506
其他商务服务业	334	183399	44513	4976
科学研究和技术服务业	**3116**	**3837282**	**799959**	**41714**
研究和试验发展	489	501139	205007	8623
专业技术服务业	1488	3221850	524249	22958
科技推广和应用服务业	1139	114293	70704	10133
水利、环境和公共设施管理业	**1263**	**1678505**	**644697**	**39294**
水利管理业	569	392749	95050	6183
防洪除涝设施管理	106	108026	30152	1078
水资源管理	101	65646	15672	1160
天然水收集与分配	172	166264	24991	2370
水文服务	24	10552	7441	296
其他水利管理业	166	42261	16795	1279
生态保护和环境治理业	124	29083	24978	1275
生态保护	107	21815	12983	946
环境治理业	17	7268	11995	329
公共设施管理业	570	1256673	524669	31836
市政设施管理	101	573999	154658	3628
环境卫生管理	145	381965	181319	18073
城乡市容管理	47	19364	30107	2199
绿化管理	65	31717	66559	1844
公园和游览景区管理	212	249629	92025	6092
居民服务、修理和其他服务业	**401**	**121260**	**63755**	**4714**
居民服务业	314	108317	52333	3559
机动车、电子产品和日用产品修理业	30	9782	6310	436
其他服务业	57	3161	5112	719

5-01 续表

行　业	单位数(个)	年末资产(万元)	非企业单位支出(费用)(万元)	从业人员(人)
教育	**11900**	**14059078**	**6701431**	**550788**
学前教育	4272	543722	456336	84426
初等教育	3793	2211599	1742000	182482
中等教育	1983	5103147	2372363	199178
高等教育	158	5665339	1795520	59938
特殊教育	70	38848	28156	2176
技能培训、教育辅助及其他教育	1624	496424	307056	22588
卫生和社会工作	**6337**	**6822551**	**5173777**	**191303**
卫生	5157	6019055	4901286	181568
医院	387	4473487	3889531	118405
社区医疗与卫生院	1420	781486	580708	38875
门诊部(所)	3056	43956	40718	7759
计划生育技术服务活动	18	1680	1131	125
妇幼保健院(所、站)	91	453129	204086	8191
专科疾病防治院(所、站)	30	47687	51949	2102
疾病预防控制中心	96	151669	104872	4655
其他卫生活动	59	65961	28293	1456
社会工作	1180	803496	272490	9735
提供住宿社会工作	583	212608	216024	5928
不提供住宿社会工作	597	590888	56466	3807
文化、体育和娱乐业	**2322**	**1187934**	**495040**	**33281**
新闻出版业	163	73959	52611	2545
新闻业	81	3734	6217	644
出版业	82	70224	46394	1901
广播、电视、电影和音像业	154	247279	113198	5385
文化艺术业	1388	544330	250667	16737
文艺创作与表演	198	109397	40279	4923
艺术表演场馆	21	30659	7795	588
图书馆与档案馆	232	97808	49980	2543
文物及非物质文化遗产保护	155	40346	10880	1297
博物馆	140	77047	59291	2119
烈士陵园、纪念馆	43	20709	5011	311
群众文化活动	495	160879	70288	3992
其他文化艺术业	104	7485	7142	964
体育	472	168294	62146	7143
体育组织	367	77944	42631	5883
体育场馆	33	88838	17905	861
休闲健身活动	65	1197	1082	355
其他体育	7	316	529	44
娱乐业	145	154072	16418	1471
公共管理、社会保障和社会组织	**57813**	**27087610**	**16618700**	**905504**
中国共产党机关	1300	382407	514995	19012
国家机构	15832	17070954	13288355	418563
人民政协、民主党派	281	59456	80057	4246
社会保障	578	70030	436759	6271
群众团体、社会团体和其他成员组织	22800	3260307	1039929	260708
基层群众自治组织	17022	6244456	1258605	196704

5-02　分设区市信息传输、软件和信息技术服务业行政事业及非企业法人单位主要指标

地　区	单位数(个)	年末资产(万元)	非企业单位支出(费用)(万元)	从业人员(人)
全　省	**296**	**228723**	**47663**	**3537**
福州市	76	156782	24544	1221
#平潭	3	1000	301	19
厦门市	6	2165	1401	25
莆田市	8	8137	851	142
三明市	24	12478	3106	272
泉州市	29	23255	4441	517
漳州市	57	5643	3534	448
南平市	46	11836	4874	475
龙岩市	21	3239	2706	240
宁德市	29	5188	2206	197

5-03　分设区市租赁和商务服务业行政事业及非企业法人单位主要指标

地　区	单位数(个)	年末资产(万元)	非企业单位支出(费用)(万元)	从业人员(人)
全　省	**2771**	**1272675**	**394517**	**26643**
福州市	490	325091	85036	6915
#平潭	6	127	387	76
厦门市	119	135255	55207	2136
莆田市	159	23255	20647	1234
三明市	255	107600	19454	1861
泉州市	210	136338	28983	1724
漳州市	377	111974	38018	3413
南平市	695	168919	25822	4356
龙岩市	260	92298	28812	3082
宁德市	206	171946	92538	1922

5-04 分设区市科学研究和技术服务业行政事业及非企业法人单位主要指标

地 区	单位数(个)	年末资产(万元)	非企业单位支出(费用)(万元)	从业人员(人)
全 省	**3116**	**3837282**	**799959**	**41714**
福州市	468	722875	335445	12607
#平潭	22	34150	1203	154
厦门市	97	376085	112742	3365
莆田市	128	121138	18647	1263
三明市	418	156188	44727	4634
泉州市	244	1716209	97085	3399
漳州市	486	102479	53229	5039
南平市	596	54273	30253	4271
龙岩市	392	546152	79257	4576
宁德市	287	41884	28574	2560

5-05 分设区市水利、环境和公共设施管理业行政事业及非企业法人单位主要指标

地 区	单位数(个)	年末资产(万元)	非企业单位支出(费用)(万元)	从业人员(人)
全 省	**1263**	**1678505**	**644697**	**39294**
福州市	189	546154	218154	11123
#平潭	11	9787	3557	595
厦门市	58	409516	163602	7570
莆田市	64	45995	18301	1349
三明市	145	51505	28260	3622
泉州市	135	125119	61737	2811
漳州市	207	171694	42242	3934
南平市	206	85220	34175	3650
龙岩市	137	132825	54681	2745
宁德市	122	110476	23545	2490

5-06　分设区市居民服务、修理和其他服务业行政事业及非企业业法人单位主要指标

地　区	单位数(个)	年末资产(万元)	非企业单位支出(费用)(万元)	从业人员(人)
全　省	**401**	**121260**	**63755**	**4714**
福州市	104	36354	13491	1449
#平潭	6			124
厦门市	24	5146	6198	355
莆田市	18	928	520	119
三明市	42	11395	4796	428
泉州市	56	16037	4171	550
漳州市	39	24069	21534	498
南平市	64	16221	8327	725
龙岩市	28	6203	2993	319
宁德市	26	4909	1726	271

5-07　分设区市教育行政事业及非企业法人单位主要指标

地　区	单位数(个)	年末资产(万元)	非企业单位支出(费用)(万元)	从业人员(人)
全　省	**11900**	**14059078**	**6701431**	**550788**
福州市	2474	4110486	1798822	122371
#平潭	152	63000	43203	5692
厦门市	885	3076639	1304690	58870
莆田市	719	669309	374187	39596
三明市	761	554947	382441	38359
泉州市	2755	2770001	1162070	112327
漳州市	1582	879503	593286	58014
南平市	1065	541749	310529	38910
龙岩市	926	623284	461439	42042
宁德市	733	833159	313966	40299

5-08 分设区市卫生和社会工作行政事业及非企业法人单位主要指标

地 区	单位数(个)	年末资产(万元)	非企业单位支出(费用)(万元)	从业人员(人)
全 省	**6337**	**6822551**	**5173777**	**191303**
福州市	1228	2073514	1787328	48930
#平潭	80	30125	32397	1997
厦门市	347	901625	792576	21257
莆田市	215	368052	291434	11356
三明市	708	409185	280001	15010
泉州市	659	836529	649975	26692
漳州市	379	567130	399363	18246
南平市	508	412148	321150	16610
龙岩市	333	857001	359479	15753
宁德市	1960	397366	292471	17449

5-09 分设区市文化、体育和娱乐业行政事业及非企业法人单位主要指标

地 区	单位数(个)	年末资产(万元)	非企业单位支出(费用)(万元)	从业人员(人)
全 省	**2322**	**1187934**	**495040**	**33281**
福州市	512	453739	121229	9135
#平潭	23	2521	2874	330
厦门市	163	192360	102833	4149
莆田市	89	20500	26214	1234
三明市	211	40268	22277	1815
泉州市	347	200675	84927	5816
漳州市	283	48692	24706	3250
南平市	301	44706	14912	2896
龙岩市	203	150525	72279	2762
宁德市	213	36469	25661	2224

5-10 分设区市公共管理、社会保障和社会组织行政事业及非企业法人单位主要指标

地 区	单位数(个)	年末资产(万元)	非企业单位支出(费用)(万元)	从业人员(人)
全 省	**57813**	**27087610**	**16618700**	**905504**
福州市	9135	5945519	3463270	180938
#平潭	914	415602	160158	13317
厦门市	3230	4868519	2724163	55150
莆田市	4496	1655238	1110447	63811
三明市	6974	1763802	1214102	78565
泉州市	8335	4464959	2453594	145155
漳州市	5811	2398521	2690854	99367
南平市	6791	1488938	779974	93140
龙岩市	5933	2779510	1364416	94557
宁德市	7108	1722604	817880	94821

第6篇

企业信息化和电子商务交易情况

6-01 分行业企业使用计算机情况

行业	企业数(个)	使用计算机的企业		期末在用计算机数(台)	每百人拥有计算机数(台)
		数量(个)	比重(%)		
总计	**33637**	**33453**	**99.5**	**1261514**	**15.2**
采矿业	**457**	**436**	**95.4**	**6147**	**6.9**
煤炭开采和洗选业	153	133	86.9	3453	7.7
石油和天然气开采业					
黑色金属矿采选业	81	81	100.0	930	8.4
有色金属矿采选业	67	66	98.5	697	7.5
非金属矿采选业	156	156	100.0	1067	4.6
开采辅助活动					
其他采矿业					
制造业	**15027**	**14970**	**99.6**	**580585**	**14.4**
农副食品加工业	952	949	99.7	17537	9.0
食品制造业	515	515	100.0	15252	11.1
酒、饮料和精制茶制造业	506	502	99.2	12608	12.1
烟草制品业	6	6	100.0	2667	55.3
纺织业	867	864	99.7	21508	9.6
纺织服装、服饰业	1160	1151	99.2	42709	11.0
皮革、毛皮、羽毛及其制品和制鞋业	1262	1256	99.5	55611	8.4
木材加工和木、竹、藤、棕、草制品业	700	699	99.9	5527	5.7
家具制造业	283	282	99.6	7447	12.1
造纸和纸制品业	432	429	99.3	13006	13.2
印刷和记录媒介复制业	210	210	100.0	5386	15.6
文教、工美、体育和娱乐用品制造业	857	854	99.6	21259	10.2
石油加工、炼焦和核燃料加工业	26	26	100.0	1697	22.2
化学原料和化学制品制造业	662	662	100.0	17142	18.4
医药制造业	117	116	99.1	7499	24.9
化学纤维制造业	90	90	100.0	4533	12.8
橡胶和塑料制品业	681	679	99.7	22095	12.9
非金属矿物制品业	1672	1659	99.2	29233	8.9
黑色金属冶炼和压延加工业	326	326	100.0	9746	9.9
有色金属冶炼和压延加工业	150	148	98.7	11035	22.7
金属制品业	503	500	99.4	14431	16.3
通用设备制造业	518	516	99.6	25067	21.7

6-01　续表 1

行　　业	企业数（个）	使用计算机的企业		期末在用计算机数（台）	每百人拥有计算机数（台）
		数量（个）	比重（%）		
专用设备制造业	440	440	100.0	20025	25.4
汽车制造业	354	353	99.7	24561	23.5
铁路、船舶、航空航天和其他运输设备制造业	175	175	100.0	6604	15.3
电气机械和器材制造业	725	725	100.0	43268	22.9
计算机、通信和其他电子设备制造业	469	469	100.0	103421	35.9
仪器仪表制造业	127	127	100.0	9207	26.1
其他制造业	176	176	100.0	6636	11.7
废弃资源综合利用业	43	43	100.0	648	16.1
金属制品、机械和设备修理业	23	23	100.0	3220	38.1
电力、热力、燃气及水生产和供应业	**302**	**302**	**100.0**	**66431**	**83.2**
电力、热力生产和供应业	245	245	100.0	60518	91.5
燃气生产和供应业	18	18	100.0	2275	53.3
水的生产和供应业	39	39	100.0	3638	38.6
建筑业	**3136**	**3127**	**99.7**	**117804**	**4.0**
房屋建筑业	1328	1325	99.8	55337	2.8
土木工程建筑业	610	609	99.8	31152	8.0
建筑安装业	370	369	99.7	16454	19.4
建筑装饰和其他建筑业	828	824	99.5	14861	2.9
批发和零售业	**7650**	**7617**	**99.6**	**165657**	**44.2**
批发业	4315	4295	99.5	88340	55.3
零售业	3335	3322	99.6	77317	35.9
交通运输、仓储和邮政业	**926**	**923**	**99.7**	**59549**	**30.6**
铁路运输业	4	4	100.0	508	21.4
道路运输业	469	468	99.8	20370	19.7
水上运输业	109	108	99.1	3551	23.6
航空运输业	12	12	100.0	9007	65.9
管道运输业					
装卸搬运和运输代理业	233	233	100.0	11373	39.2
仓储业	64	63	98.4	1866	40.5
邮政业	35	35	100.0	12874	48.3
住宿和餐饮业	**1480**	**1467**	**99.1**	**36193**	**22.3**
住宿业	719	716	99.6	28474	32.8
餐饮业	761	751	98.7	7719	10.3

6-01 续表 2

行业	企业数(个)	使用计算机的企业		期末在用计算机数(台)	每百人拥有计算机数(台)
		数量(个)	比重(%)		
信息传输、软件和信息技术服务业	**331**	**330**	**99.7**	**97717**	**135.6**
电信、广播电视和卫星传输服务	61	61	100.0	57439	160.5
互联网和相关服务	31	31	100.0	5401	105.4
软件和信息技术服务业	239	238	99.6	34877	111.9
房地产业	**3111**	**3068**	**98.6**	**59218**	**39.2**
房地产业	3111	3068	98.6	59218	39.2
租赁和商务服务业	**485**	**484**	**99.8**	**22477**	**24.0**
租赁业	18	18	100.0	389	36.1
商务服务业	467	466	99.8	22088	23.9
科学研究和技术服务业	**295**	**294**	**99.7**	**24640**	**55.3**
研究和试验发展	6	6	100.0	316	85.2
专业技术服务业	267	266	99.6	23954	56.7
科技推广和应用服务业	22	22	100.0	370	18.5
水利、环境和公共设施管理业	**79**	**79**	**100.0**	**2560**	**23.9**
水利管理业	8	8	100.0	175	46.5
生态保护和环境治理业	11	11	100.0	550	52.0
公共设施管理业	60	60	100.0	1835	19.8
居民服务、修理和其他服务业	**99**	**97**	**98.0**	**1685**	**16.4**
居民服务业	59	58	98.3	806	17.9
机动车、电子产品和日用产品修理业	19	19	100.0	535	43.1
其他服务业	21	20	95.2	344	7.6
教育	**61**	**61**	**100.0**	**4450**	**71.2**
教育	61	61	100.0	4450	71.2
卫生和社会工作	**48**	**48**	**100.0**	**3950**	**51.9**
卫生	48	48	100.0	3950	51.9
社会工作					
文化、体育和娱乐业	**150**	**150**	**100.0**	**12451**	**65.6**
新闻和出版业	24	24	100.0	4329	88.1
广播、电视、电影和影视录音制作业	27	27	100.0	3337	73.5
文化艺术业	6	6	100.0	358	43.3
体育	19	19	100.0	438	18.9
娱乐业	74	74	100.0	3989	62.4

6-02　分设区市企业使用计算机情况

地　区	企业数(个)	使用计算机的企业		期末在用计算机数(台)	每百人拥有计算机数(台)
		数量(个)	比重(%)		
全　省	**33637**	**33453**	**99.5**	**1261514**	**15.2**
福州市	6462	6417	99.3	335225	16.5
#平潭	119	119	100.0	2702	20.8
厦门市	5098	5057	99.2	333113	21.5
莆田市	2035	2025	99.5	53429	10.9
三明市	2786	2786	100.0	51835	12.4
泉州市	7678	7632	99.4	246910	11.9
漳州市	3238	3230	99.8	80804	12.6
南平市	1732	1731	99.9	39394	15.1
龙岩市	2409	2380	98.8	64255	12.7
宁德市	2199	2195	99.8	56549	16.3

6-03 分行业企业

行业	企业数(个)	使用信息化管理的企业数		财务管理		购销存管理	
		数量(个)	比重(%)	数量(个)	占使用信息化管理企业比重(%)	数量(个)	占使用信息化管理企业比重(%)
总 计	**33637**	**31632**	**94.0**	**27344**	**86.4**	**15134**	**47.8**
采矿业	**457**	**403**	**88.2**	**370**	**91.8**	**164**	**40.7**
煤炭开采和洗选业	153	127	83.0	114	89.8	62	48.8
石油和天然气开采业							
黑色金属矿采选业	81	74	91.4	70	94.6	29	39.2
有色金属矿采选业	67	61	91.0	56	91.8	23	37.7
非金属矿采选业	156	141	90.4	130	92.2	50	35.5
开采辅助活动							
其他采矿业							
制造业	**15027**	**14032**	**93.4**	**12349**	**88.0**	**8173**	**58.2**
农副食品加工业	952	898	94.3	809	90.1	530	59.0
食品制造业	515	489	95.0	437	89.4	304	62.2
酒、饮料和精制茶制造业	506	460	90.9	388	84.3	251	54.6
烟草制品业	6	6	100.0	6	100.0	4	66.7
纺织业	867	798	92.0	711	89.1	447	56.0
纺织服装、服饰业	1160	1081	93.2	954	88.3	577	53.4
皮革、毛皮、羽毛及其制品和制鞋业	1262	1183	93.7	992	83.9	654	55.3
木材加工和木、竹、藤、棕、草制品业	700	618	88.3	559	90.5	295	47.7
家具制造业	283	266	94.0	236	88.7	138	51.9
造纸和纸制品业	432	405	93.8	352	86.9	241	59.5
印刷和记录媒介复制业	210	190	90.5	163	85.8	122	64.2
文教、工美、体育和娱乐用品制造业	857	811	94.6	671	82.7	414	51.0
石油加工、炼焦和核燃料加工业	26	26	100.0	25	96.2	16	61.5
化学原料和化学制品制造业	662	614	92.7	562	91.5	374	60.9
医药制造业	117	114	97.4	106	93.0	90	78.9
化学纤维制造业	90	85	94.4	80	94.1	54	63.5
橡胶和塑料制品业	681	631	92.7	567	89.9	401	63.5
非金属矿物制品业	1672	1550	92.7	1303	84.1	773	49.9
黑色金属冶炼和压延加工业	326	296	90.8	270	91.2	163	55.1
有色金属冶炼和压延加工业	150	134	89.3	122	91.0	80	59.7
金属制品业	503	478	95.0	417	87.2	304	63.6
通用设备制造业	518	486	93.8	426	87.7	314	64.6

信息化管理情况

生产制造管理		物流配送管理		客户关系管理		人力资源管理		其他	
数量（个）	占使用信息化管理企业比重（%）	数量（个）	占使用信息化管理企业比重（%）	数量（个）	占使用信息化管理企业比重（%）	数量（个）	占使用信息化管理企业比重（%）	数量（个）	占使用信息化管理企业比重（%）
7452	**23.6**	**4037**	**12.8**	**11320**	**35.8**	**11838**	**37.4**	**8716**	**27.6**
121	**30.0**	**14**	**3.5**	**88**	**21.8**	**114**	**28.3**	**91**	**22.6**
61	48.0	5	3.9	30	23.6	46	36.2	24	18.9
16	21.6	2	2.7	15	20.3	20	27.0	16	21.6
13	21.3	2	3.3	13	21.3	16	26.2	16	26.2
31	22.0	5	3.5	30	21.3	32	22.7	35	24.8
5832	**41.6**	**2178**	**15.5**	**5358**	**38.2**	**5568**	**39.7**	**3092**	**22.0**
312	34.7	134	14.9	337	37.5	297	33.1	191	21.3
182	37.2	107	21.9	203	41.5	186	38.0	102	20.9
136	29.6	105	22.8	207	45.0	161	35.0	120	26.1
5	83.3	1	16.7	1	16.7	6	100.0	2	33.3
319	40.0	98	12.3	287	36.0	320	40.1	183	22.9
432	40.0	154	14.2	377	34.9	410	37.9	208	19.2
483	40.8	157	13.3	415	35.1	547	46.2	286	24.2
172	27.8	41	6.6	199	32.2	169	27.3	144	23.3
91	34.2	39	14.7	106	39.8	115	43.2	52	19.5
177	43.7	81	20.0	150	37.0	156	38.5	95	23.5
92	48.4	39	20.5	79	41.6	79	41.6	44	23.2
327	40.3	102	12.6	331	40.8	311	38.3	196	24.2
9	34.6	4	15.4	10	38.5	9	34.6	4	15.4
256	41.7	101	16.4	248	40.4	260	42.3	140	22.8
64	56.1	37	32.5	59	51.8	57	50.0	22	19.3
36	42.4	11	12.9	26	30.6	37	43.5	17	20.0
273	43.3	95	15.1	247	39.1	277	43.9	133	21.1
579	37.4	184	11.9	534	34.5	438	28.3	395	25.5
107	36.1	38	12.8	108	36.5	98	33.1	59	19.9
64	47.8	26	19.4	53	39.6	61	45.5	22	16.4
217	45.4	85	17.8	192	40.2	196	41.0	98	20.5
229	47.1	84	17.3	190	39.1	212	43.6	112	23.0

6-03 续表 1

行业	企业数(个)	使用信息化管理的企业数		财务管理		购销存管理	
		数量(个)	比重(%)	数量(个)	占使用信息化管理企业比重(%)	数量(个)	占使用信息化管理企业比重(%)
专用设备制造业	440	419	95.2	374	89.3	262	62.5
汽车制造业	354	334	94.4	318	95.2	238	71.3
铁路、船舶、航空航天和其他运输设备制造业	175	160	91.4	138	86.3	89	55.6
电气机械和器材制造业	725	694	95.7	630	90.8	482	69.5
计算机、通信和其他电子设备制造业	469	458	97.7	420	91.7	353	77.1
仪器仪表制造业	127	125	98.4	110	88.0	93	74.4
其他制造业	176	163	92.6	149	91.4	86	52.8
废弃资源综合利用业	43	39	90.7	35	89.7	11	28.2
金属制品、机械和设备修理业	23	21	91.3	19	90.5	13	61.9
电力、热力、燃气及水生产和供应业	**302**	**290**	**96.0**	**263**	**90.7**	**141**	**48.6**
电力、热力生产和供应业	245	235	95.9	214	91.1	113	48.1
燃气生产和供应业	18	18	100.0	18	100.0	11	61.1
水的生产和供应业	39	37	94.9	31	83.8	17	45.9
建筑业	**3136**	**3080**	**98.2**	**2599**	**84.4**	**575**	**18.7**
房屋建筑业	1328	1301	98.0	1117	85.9	187	14.4
土木工程建筑业	610	597	97.9	523	87.6	97	16.2
建筑安装业	370	366	98.9	311	85.0	131	35.8
建筑装饰和其他建筑业	828	816	98.6	648	79.4	160	19.6
批发和零售业	**7650**	**7061**	**92.3**	**5954**	**84.3**	**4281**	**60.6**
批发业	4315	3987	92.4	3499	87.8	2235	56.1
零售业	3335	3074	92.2	2455	79.9	2046	66.6
交通运输、仓储和邮政业	**926**	**906**	**97.8**	**781**	**86.2**	**191**	**21.1**
铁路运输业	4	4	100.0	3	75.0	1	25.0
道路运输业	469	460	98.1	376	81.7	65	14.1
水上运输业	109	101	92.7	85	84.2	22	21.8
航空运输业	12	12	100.0	12	100.0	5	41.7
管道运输业							
装卸搬运和运输代理业	233	231	99.1	212	91.8	54	23.4
仓储业	64	63	98.4	62	98.4	25	39.7
邮政业	35	35	100.0	31	88.6	19	54.3
住宿和餐饮业	**1480**	**1318**	**89.1**	**1061**	**80.5**	**559**	**42.4**
住宿业	719	684	95.1	589	86.1	314	45.9
餐饮业	761	634	83.3	472	74.4	245	38.6

生产制造管理		物流配送管理		客户关系管理		人力资源管理		其他	
数量（个）	占使用信息化管理企业比重（%）	数量（个）	占使用信息化管理企业比重（%）	数量（个）	占使用信息化管理企业比重（%）	数量（个）	占使用信息化管理企业比重（%）	数量（个）	占使用信息化管理企业比重（%）
207	49.4	53	12.6	167	39.9	173	41.3	104	24.8
179	53.6	62	18.6	121	36.2	156	46.7	55	16.5
58	36.3	21	13.1	69	43.1	66	41.3	30	18.8
388	55.9	161	23.2	314	45.2	339	48.8	138	19.9
283	61.8	119	26.0	201	43.9	273	59.6	79	17.2
76	60.8	19	15.2	57	45.6	68	54.4	17	13.6
60	36.8	15	9.2	54	33.1	70	42.9	30	18.4
8	20.5	2	5.1	7	17.9	8	20.5	8	20.5
11	52.4	3	14.3	9	42.9	13	61.9	6	28.6
169	**58.3**	**45**	**15.5**	**86**	**29.7**	**183**	**63.1**	**84**	**29.0**
137	58.3	40	17.0	62	26.4	152	64.7	68	28.9
10	55.6	5	27.8	10	55.6	13	72.2	4	22.2
22	59.5			14	37.8	18	48.6	12	32.4
393	**12.8**	**87**	**2.8**	**801**	**26.0**	**1271**	**41.3**	**1222**	**39.7**
169	13.0	26	2.0	303	23.3	539	41.4	539	41.4
73	12.2	12	2.0	160	26.8	264	44.2	226	37.9
51	13.9	29	7.9	111	30.3	171	46.7	123	33.6
100	12.3	20	2.5	227	27.8	297	36.4	334	40.9
468	**6.6**	**1282**	**18.2**	**2793**	**39.6**	**2007**	**28.4**	**1893**	**26.8**
236	5.9	632	15.9	1448	36.3	1067	26.8	1010	25.3
232	7.5	650	21.1	1345	43.8	940	30.6	883	28.7
109	**12.0**	**260**	**28.7**	**249**	**27.5**	**367**	**40.5**	**276**	**30.5**
						1	25.0	2	50.0
67	14.6	128	27.8	91	19.8	153	33.3	141	30.7
11	10.9	12	11.9	14	13.9	48	47.5	35	34.7
1	8.3	5	41.7	5	41.7	9	75.0	3	25.0
15	6.5	73	31.6	95	41.1	100	43.3	69	29.9
7	11.1	17	27.0	15	23.8	30	47.6	16	25.4
8	22.9	25	71.4	29	82.9	26	74.3	10	28.6
81	**6.1**	**68**	**5.2**	**483**	**36.6**	**513**	**38.9**	**417**	**31.6**
48	7.0	17	2.5	320	46.8	328	48.0	221	32.3
33	5.2	51	8.0	163	25.7	185	29.2	196	30.9

6-03 续表 2

行业	企业数(个)	使用信息化管理的企业数		财务管理		购销存管理	
		数量(个)	比重(%)	数量(个)	占使用信息化管理企业比重(%)	数量(个)	占使用信息化管理企业比重(%)
信息传输、软件和信息技术服务业	**331**	**326**	**98.5**	**293**	**89.9**	**152**	**46.6**
电信、广播电视和卫星传输服务	61	61	100.0	56	91.8	38	62.3
互联网和相关服务	31	31	100.0	27	87.1	11	35.5
软件和信息技术服务业	239	234	97.9	210	89.7	103	44.0
房地产业	**3111**	**3031**	**97.4**	**2687**	**88.7**	**640**	**21.1**
房地产业	3111	3031	97.4	2687	88.7	640	21.1
租赁和商务服务业	**485**	**471**	**97.1**	**418**	**88.7**	**86**	**18.3**
租赁业	18	18	100.0	15	83.3	4	22.2
商务服务业	467	453	97.0	403	89.0	82	18.1
科学研究和技术服务业	**295**	**287**	**97.3**	**248**	**86.4**	**34**	**11.8**
研究和试验发展	6	6	100.0	6	100.0	3	50.0
专业技术服务业	267	260	97.4	226	86.9	26	10.0
科技推广和应用服务业	22	21	95.5	16	76.2	5	23.8
水利、环境和公共设施管理业	**79**	**79**	**100.0**	**68**	**86.1**	**22**	**27.8**
水利管理业	8	8	100.0	6	75.0	3	37.5
生态保护和环境治理业	11	11	100.0	11	100.0	5	45.5
公共设施管理业	60	60	100.0	51	85.0	14	23.3
居民服务、修理和其他服务业	**99**	**93**	**93.9**	**66**	**71.0**	**29**	**31.2**
居民服务业	59	55	93.2	35	63.6	12	21.8
机动车、电子产品和日用产品修理业	19	19	100.0	16	84.2	11	57.9
其他服务业	21	19	90.5	15	78.9	6	31.6
教育	**61**	**59**	**96.7**	**39**	**66.1**	**6**	**10.2**
教育	61	59	96.7	39	66.1	6	10.2
卫生和社会工作	**48**	**48**	**100.0**	**30**	**62.5**	**25**	**52.1**
卫生	48	48	100.0	30	62.5	25	52.1
社会工作							
文化、体育和娱乐业	**150**	**148**	**98.7**	**118**	**79.7**	**56**	**37.8**
新闻和出版业	24	24	100.0	22	91.7	12	50.0
广播、电视、电影和影视录音制作业	27	27	100.0	25	92.6	10	37.0
文化艺术业	6	6	100.0	6	100.0	3	50.0
体育	19	19	100.0	16	84.2	5	26.3
娱乐业	74	72	97.3	49	68.1	26	36.1

生产制造管理		物流配送管理		客户关系管理		人力资源管理		其他	
数量（个）	占使用信息化管理企业比重（%）	数量（个）	占使用信息化管理企业比重（%）	数量（个）	占使用信息化管理企业比重（%）	数量（个）	占使用信息化管理企业比重（%）	数量（个）	占使用信息化管理企业比重（%）
55	**16.9**	**37**	**11.3**	**155**	**47.5**	**198**	**60.7**	**109**	**33.4**
8	13.1	10	16.4	35	57.4	44	72.1	13	21.3
5	16.1	2	6.5	21	67.7	20	64.5	9	29.0
42	17.9	25	10.7	99	42.3	134	57.3	87	37.2
128	**4.2**	**33**	**1.1**	**969**	**32.0**	**1109**	**36.6**	**1076**	**35.5**
128	4.2	33	1.1	969	32.0	1109	36.6	1076	35.5
20	**4.2**	**13**	**2.8**	**161**	**34.2**	**208**	**44.2**	**173**	**36.7**
2	11.1	2	11.1	6	33.3	7	38.9	5	27.8
18	4.0	11	2.4	155	34.2	201	44.4	168	37.1
44	**15.3**	**4**	**1.4**	**75**	**26.1**	**129**	**44.9**	**111**	**38.7**
1	16.7			3	50.0	3	50.0	1	16.7
40	15.4	2	0.8	66	25.4	121	46.5	100	38.5
3	14.3	2	9.5	6	28.6	5	23.8	10	47.6
4	**5.1**			**21**	**26.6**	**32**	**40.5**	**31**	**39.2**
2	25.0			3	37.5	2	25.0	3	37.5
1	9.1			3	27.3	4	36.4	4	36.4
1	1.7			15	25.0	26	43.3	24	40.0
10	**10.8**	**5**	**5.4**	**29**	**31.2**	**35**	**37.6**	**36**	**38.7**
1	1.8	1	1.8	16	29.1	25	45.5	23	41.8
7	36.8	3	15.8	8	42.1	4	21.1	4	21.1
2	10.5	1	5.3	5	26.3	6	31.6	9	47.4
3	**5.1**			**16**	**27.1**	**30**	**50.8**	**28**	**47.5**
3	5.1			16	27.1	30	50.8	28	47.5
3	**6.3**	**4**	**8.3**	**11**	**22.9**	**11**	**22.9**	**22**	**45.8**
3	6.3	4	8.3	11	22.9	11	22.9	22	45.8
12	**8.1**	**7**	**4.7**	**25**	**16.9**	**63**	**42.6**	**55**	**37.2**
6	25.0	4	16.7	7	29.2	14	58.3	11	45.8
3	11.1	1	3.7	4	14.8	16	59.3	12	44.4
				3	50.0	1	16.7	2	33.3
				4	21.1	8	42.1	8	42.1
3	4.2	2	2.8	7	9.7	24	33.3	22	30.6

6-04 分设区市企业

地区	企业数(个)	使用信息化管理的企业数		财务管理		购销存管理	
		数量(个)	比重(%)	数量(个)	占使用信息化管理企业比重(%)	数量(个)	占使用信息化管理企业比重(%)
全省	**33637**	**31632**	**94.0**	**27344**	**86.4**	**15134**	**47.8**
福州市	6462	6092	94.3	5327	87.4	2712	44.5
#平潭	119	111	93.3	91	82.0	35	31.5
厦门市	5098	4866	95.4	4460	91.7	2549	52.4
莆田市	2035	1900	93.4	1538	80.9	824	43.4
三明市	2786	2607	93.6	2433	93.3	1253	48.1
泉州市	7678	7229	94.2	5895	81.5	3415	47.2
漳州市	3238	3055	94.3	2584	84.6	1499	49.1
南平市	1732	1611	93.0	1422	88.3	736	45.7
龙岩市	2409	2252	93.5	1960	87.0	1153	51.2
宁德市	2199	2020	91.9	1725	85.4	993	49.2

信息化管理情况

生产制造管理		物流配送管理		客户关系管理		人力资源管理		其他	
数量（个）	占使用信息化管理企业比重（%）	数量（个）	占使用信息化管理企业比重（%）	数量（个）	占使用信息化管理企业比重（%）	数量（个）	占使用信息化管理企业比重（%）	数量（个）	占使用信息化管理企业比重（%）
7452	**23.6**	**4037**	**12.8**	**11320**	**35.8**	**11838**	**37.4**	**8716**	**27.6**
1315	21.6	785	12.9	2082	34.2	2372	38.9	1747	28.7
16	14.4	8	7.2	37	33.3	46	41.4	39	35.1
1209	24.8	742	15.2	1814	37.3	2455	50.5	1277	26.2
420	22.1	250	13.2	655	34.5	668	35.2	608	32.0
576	22.1	230	8.8	854	32.8	756	29.0	597	22.9
1889	26.1	949	13.1	2561	35.4	2504	34.6	2211	30.6
751	24.6	382	12.5	1117	36.6	1130	37.0	783	25.6
365	22.7	148	9.2	649	40.3	554	34.4	414	25.7
461	20.5	315	14.0	848	37.7	776	34.5	584	25.9
466	23.1	236	11.7	740	36.6	623	30.8	495	24.5

6-05 分行业企业使用网络情况

行业	企业数(个)	使用局域网的企业		使用互联网的企业		宽带接入		窄带接入	
		数量(个)	比重(%)	数量(个)	比重(%)	数量(个)	占接入互联网企业比重(%)	数量(个)	占接入互联网企业比重(%)
总　计	**33637**	**20874**	**62.1**	**33093**	**98.4**	**31988**	**96.7**	**963**	**2.9**
采矿业	**457**	**193**	**42.2**	**431**	**94.3**	**418**	**97.0**	**15**	**3.5**
煤炭开采和洗选业	153	80	52.3	131	85.6	126	96.2	7	5.3
石油和天然气开采业									
黑色金属矿采选业	81	34	42.0	80	98.8	78	97.5	1	1.3
有色金属矿采选业	67	19	28.4	66	98.5	66	100.0	1	1.5
非金属矿采选业	156	60	38.5	154	98.7	148	96.1	6	3.9
开采辅助活动									
其他采矿业									
制造业	**15027**	**9276**	**61.7**	**14823**	**98.6**	**14273**	**96.3**	**450**	**3.0**
农副食品加工业	952	532	55.9	940	98.7	908	96.6	26	2.8
食品制造业	515	339	65.8	512	99.4	495	96.7	16	3.1
酒、饮料和精制茶制造业	506	247	48.8	501	99.0	486	97.0	16	3.2
烟草制品业	6	6	100.0	6	100.0	6	100.0		
纺织业	867	519	59.9	855	98.6	821	96.0	36	4.2
纺织服装、服饰业	1160	726	62.6	1140	98.3	1103	96.8	17	1.5
皮革、毛皮、羽毛及其制品和制鞋业	1262	851	67.4	1238	98.1	1192	96.3	40	3.2
木材加工和木、竹、藤、棕、草制品业	700	276	39.4	691	98.7	670	97.0	14	2.0
家具制造业	283	168	59.4	280	98.9	268	95.7	11	3.9
造纸和纸制品业	432	287	66.4	425	98.4	406	95.5	19	4.5
印刷和记录媒介复制业	210	140	66.7	208	99.0	202	97.1	5	2.4
文教、工美、体育和娱乐用品制造业	857	473	55.2	839	97.9	814	97.0	26	3.1
石油加工、炼焦和核燃料加工业	26	14	53.8	26	100.0	25	96.2	2	7.7
化学原料和化学制品制造业	662	394	59.5	660	99.7	638	96.7	16	2.4
医药制造业	117	89	76.1	116	99.1	112	96.6	6	5.2
化学纤维制造业	90	58	64.4	90	100.0	85	94.4	1	1.1
橡胶和塑料制品业	681	452	66.4	674	99.0	651	96.6	16	2.4
非金属矿物制品业	1672	891	53.3	1639	98.0	1572	95.9	47	2.9
黑色金属冶炼和压延加工业	326	170	52.1	323	99.1	306	94.7	10	3.1
有色金属冶炼和压延加工业	150	91	60.7	148	98.7	140	94.6	7	4.7
金属制品业	503	340	67.6	495	98.4	473	95.6	13	2.6
通用设备制造业	518	358	69.1	512	98.8	486	94.9	16	3.1

6-05 续表 1

行业	企业数(个)	使用局域网的企业		使用互联网的企业		宽带接入		窄带接入	
		数量(个)	比重(%)	数量(个)	比重(%)	数量(个)	占接入互联网企业比重(%)	数量(个)	占接入互联网企业比重(%)
专用设备制造业	440	305	69.3	436	99.1	419	96.1	16	3.7
汽车制造业	354	265	74.9	348	98.3	337	96.8	15	4.3
铁路、船舶、航空航天和其他运输设备制造业	175	90	51.4	173	98.9	167	96.5	8	4.6
电气机械和器材制造业	725	543	74.9	715	98.6	693	96.9	21	2.9
计算机、通信和其他电子设备制造业	469	395	84.2	465	99.1	450	96.8	17	3.7
仪器仪表制造业	127	104	81.9	127	100.0	120	94.5	3	2.4
其他制造业	176	115	65.3	175	99.4	166	94.9	8	4.6
废弃资源综合利用业	43	23	53.5	43	100.0	40	93.0	2	4.7
金属制品、机械和设备修理业	23	15	65.2	23	100.0	22	95.7		
电力、热力、燃气及水生产和供应业	**302**	**244**	**80.8**	**292**	**96.7**	**271**	**92.8**	**5**	**1.7**
电力、热力生产和供应业	245	200	81.6	235	95.9	215	91.5	2	0.9
燃气生产和供应业	18	15	83.3	18	100.0	18	100.0	2	11.1
水的生产和供应业	39	29	74.4	39	100.0	38	97.4	1	2.6
建筑业	**3136**	**1916**	**61.1**	**3110**	**99.2**	**3049**	**98.0**	**89**	**2.9**
房屋建筑业	1328	749	56.4	1321	99.5	1303	98.6	33	2.5
土木工程建筑业	610	390	63.9	607	99.5	592	97.5	17	2.8
建筑安装业	370	273	73.8	363	98.1	349	96.1	14	3.9
建筑装饰和其他建筑业	828	504	60.9	819	98.9	805	98.3	25	3.1
批发和零售业	**7650**	**4550**	**59.5**	**7521**	**98.3**	**7230**	**96.1**	**211**	**2.8**
批发业	4315	2569	59.5	4240	98.3	4066	95.9	128	3.0
零售业	3335	1981	59.4	3281	98.4	3164	96.4	83	2.5
交通运输、仓储和邮政业	**926**	**692**	**74.7**	**914**	**98.7**	**899**	**98.4**	**26**	**2.8**
铁路运输业	4	4	100.0	4	100.0	4	100.0		
道路运输业	469	323	68.9	466	99.4	460	98.7	12	2.6
水上运输业	109	77	70.6	106	97.2	105	99.1	3	2.8
航空运输业	12	11	91.7	11	91.7	11	100.0	1	9.1
管道运输业									
装卸搬运和运输代理业	233	196	84.1	231	99.1	228	98.7	6	2.6
仓储业	64	49	76.6	61	95.3	59	96.7	3	4.9
邮政业	35	32	91.4	35	100.0	32	91.4	1	2.9
住宿和餐饮业	**1480**	**887**	**59.9**	**1444**	**97.6**	**1371**	**94.9**	**48**	**3.3**
住宿业	719	530	73.7	710	98.7	676	95.2	29	4.1
餐饮业	761	357	46.9	734	96.5	695	94.7	19	2.6

6-05 续表 2

行业	企业数(个)	使用局域网的企业		使用互联网的企业		宽带接入		窄带接入	
		数量(个)	比重(%)	数量(个)	比重(%)	数量(个)	占接入互联网企业比重(%)	数量(个)	占接入互联网企业比重(%)
信息传输、软件和信息技术服务业	**331**	**313**	**94.6**	**329**	**99.4**	**325**	**98.8**	**21**	**6.4**
电信、广播电视和卫星传输服务	61	55	90.2	60	98.4	60	100.0	6	10.0
互联网和相关服务	31	29	93.5	31	100.0	30	96.8	4	12.9
软件和信息技术服务业	239	229	95.8	238	99.6	235	98.7	11	4.6
房地产业	**3111**	**1869**	**60.1**	**3034**	**97.5**	**2973**	**98.0**	**69**	**2.3**
房地产业	3111	1869	60.1	3034	97.5	2973	98.0	69	2.3
租赁和商务服务业	**485**	**365**	**75.3**	**475**	**97.9**	**467**	**98.3**	**11**	**2.3**
租赁业	18	14	77.8	18	100.0	16	88.9		
商务服务业	467	351	75.2	457	97.9	451	98.7	11	2.4
科学研究和技术服务业	**295**	**248**	**84.1**	**292**	**99.0**	**290**	**99.3**	**7**	**2.4**
研究和试验发展	6	6	100.0	6	100.0	6	100.0		
专业技术服务业	267	229	85.8	264	98.9	262	99.2	7	2.7
科技推广和应用服务业	22	13	59.1	22	100.0	22	100.0		
水利、环境和公共设施管理业	**79**	**50**	**63.3**	**78**	**98.7**	**76**	**97.4**	**1**	**1.3**
水利管理业	8	7	87.5	8	100.0	8	100.0		
生态保护和环境治理业	11	8	72.7	11	100.0	11	100.0		
公共设施管理业	60	35	58.3	59	98.3	57	96.6	1	1.7
居民服务、修理和其他服务业	**99**	**67**	**67.7**	**92**	**92.9**	**90**	**97.8**	**2**	**2.2**
居民服务业	59	42	71.2	55	93.2	54	98.2	1	1.8
机动车、电子产品和日用产品修理业	19	12	63.2	17	89.5	17	100.0		
其他服务业	21	13	61.9	20	95.2	19	95.0	1	5.0
教育	**61**	**35**	**57.4**	**61**	**100.0**	**61**	**100.0**		
教育	61	35	57.4	61	100.0	61	100.0		
卫生和社会工作	**48**	**41**	**85.4**	**48**	**100.0**	**48**	**100.0**	**4**	**8.3**
卫生	48	41	85.4	48	100.0	48	100.0	4	8.3
社会工作									
文化、体育和娱乐业	**150**	**128**	**85.3**	**149**	**99.3**	**147**	**98.7**	**4**	**2.7**
新闻和出版业	24	23	95.8	24	100.0	24	100.0		
广播、电视、电影和影视录音制作业	27	25	92.6	27	100.0	27	100.0	1	3.7
文化艺术业	6	5	83.3	6	100.0	6	100.0		
体育	19	16	84.2	19	100.0	18	94.7	1	5.3
娱乐业	74	59	79.7	73	98.6	72	98.6	2	2.7

6-06 分设区市企业使用网络情况

地区	企业数(个)	使用局域网的企业		使用互联网的企业		宽带接入		窄带接入	
		数量(个)	比重(%)	数量(个)	比重(%)	数量(个)	占接入互联网企业比重(%)	数量(个)	占接入互联网企业比重(%)
全省	**33637**	**20874**	**62.1**	**33093**	**98.4**	**31988**	**96.7**	**963**	**2.9**
福州市	6462	4363	67.5	6343	98.2	6128	96.6	156	2.5
#平潭	119	91	76.5	119	100.0	118	99.2	1	0.8
厦门市	5098	3796	74.5	5011	98.3	4863	97.0	203	4.1
莆田市	2035	1198	58.9	1993	97.9	1889	94.8	79	4.0
三明市	2786	1237	44.4	2772	99.5	2727	98.4	66	2.4
泉州市	7678	5048	65.7	7522	98.0	7224	96.0	219	2.9
漳州市	3238	1905	58.8	3187	98.4	3083	96.7	62	1.9
南平市	1732	870	50.2	1730	99.9	1673	96.7	66	3.8
龙岩市	2409	1270	52.7	2368	98.3	2314	97.7	52	2.2
宁德市	2199	1187	54.0	2167	98.5	2087	96.3	60	2.8

6-07 分行业企业建网站情况

行　业	企业数（个）	建立网站的企业		网站数量（个）	每百家拥有网站数（个）
		数量（个）	比重（%）		
总　计	**33637**	**15613**	**46.4**	**19025**	**56.6**
采矿业	**457**	**84**	**18.4**	**105**	**23.0**
煤炭开采和洗选业	153	25	16.3	38	24.8
石油和天然气开采业					
黑色金属矿采选业	81	20	24.7	20	24.7
有色金属矿采选业	67	9	13.4	9	13.4
非金属矿采选业	156	30	19.2	38	24.4
开采辅助活动					
其他采矿业					
制造业	**15027**	**8234**	**54.8**	**10204**	**67.9**
农副食品加工业	952	568	59.7	679	71.3
食品制造业	515	338	65.6	417	81.0
酒、饮料和精制茶制造业	506	274	54.2	346	68.4
烟草制品业	6	4	66.7	5	83.3
纺织业	867	384	44.3	449	51.8
纺织服装、服饰业	1160	535	46.1	656	56.6
皮革、毛皮、羽毛及其制品和制鞋业	1262	666	52.8	796	63.1
木材加工和木、竹、藤、棕、草制品业	700	200	28.6	231	33.0
家具制造业	283	149	52.7	190	67.1
造纸和纸制品业	432	217	50.2	274	63.4
印刷和记录媒介复制业	210	96	45.7	109	51.9
文教、工美、体育和娱乐用品制造业	857	496	57.9	710	82.8
石油加工、炼焦和核燃料加工业	26	21	80.8	24	92.3
化学原料和化学制品制造业	662	357	53.9	417	63.0
医药制造业	117	85	72.6	116	99.1
化学纤维制造业	90	58	64.4	73	81.1
橡胶和塑料制品业	681	380	55.8	449	65.9
非金属矿物制品业	1672	809	48.4	982	58.7
黑色金属冶炼和压延加工业	326	144	44.2	177	54.3
有色金属冶炼和压延加工业	150	91	60.7	117	78.0
金属制品业	503	292	58.1	359	71.4
通用设备制造业	518	342	66.0	445	85.9

6-07　续表 1

行　业	企业数（个）	建立网站的企业		网站数量（个）	每百家拥有网站数（个）
		数量（个）	比重（%）		
专用设备制造业	440	305	69.3	370	84.1
汽车制造业	354	233	65.8	305	86.2
铁路、船舶、航空航天和其他运输设备制造业	175	92	52.6	104	59.4
电气机械和器材制造业	725	510	70.3	673	92.8
计算机、通信和其他电子设备制造业	469	358	76.3	452	96.4
仪器仪表制造业	127	100	78.7	118	92.9
其他制造业	176	99	56.3	117	66.5
废弃资源综合利用业	43	15	34.9	22	51.2
金属制品、机械和设备修理业	23	16	69.6	22	95.7
电力、热力、燃气及水生产和供应业	**302**	**129**	**42.7**	**148**	**49.0**
电力、热力生产和供应业	245	90	36.7	106	43.3
燃气生产和供应业	18	11	61.1	13	72.2
水的生产和供应业	39	28	71.8	29	74.4
建筑业	**3136**	**1106**	**35.3**	**1270**	**40.5**
房屋建筑业	1328	414	31.2	474	35.7
土木工程建筑业	610	216	35.4	251	41.1
建筑安装业	370	189	51.1	226	61.1
建筑装饰和其他建筑业	828	287	34.7	319	38.5
批发和零售业	**7650**	**3018**	**39.5**	**3684**	**48.2**
批发业	4315	1556	36.1	1892	43.8
零售业	3335	1462	43.8	1792	53.7
交通运输、仓储和邮政业	**926**	**407**	**44.0**	**469**	**50.6**
铁路运输业	4				
道路运输业	469	163	34.8	188	40.1
水上运输业	109	47	43.1	50	45.9
航空运输业	12	10	83.3	15	125.0
管道运输业					
装卸搬运和运输代理业	233	133	57.1	148	63.5
仓储业	64	30	46.9	33	51.6
邮政业	35	24	68.6	35	100.0
住宿和餐饮业	**1480**	**672**	**45.4**	**775**	**52.4**
住宿业	719	415	57.7	467	65.0
餐饮业	761	257	33.8	308	40.5

6-07 续表 2

行业	企业数(个)	建立网站的企业		网站数量(个)	每百家拥有网站数(个)
		数量(个)	比重(%)		
信息传输、软件和信息技术服务业	**331**	**259**	**78.2**	**383**	**115.7**
电信、广播电视和卫星传输服务	61	39	63.9	60	98.4
互联网和相关服务	31	29	93.5	61	196.8
软件和信息技术服务业	239	191	79.9	262	109.6
房地产业	**3111**	**1004**	**32.3**	**1156**	**37.2**
房地产业	3111	1004	32.3	1156	37.2
租赁和商务服务业	**485**	**291**	**60.0**	**366**	**75.5**
租赁业	18	8	44.4	10	55.6
商务服务业	467	283	60.6	356	76.2
科学研究和技术服务业	**295**	**169**	**57.3**	**184**	**62.4**
研究和试验发展	6	6	100.0	6	100.0
专业技术服务业	267	152	56.9	166	62.2
科技推广和应用服务业	22	11	50.0	12	54.5
水利、环境和公共设施管理业	**79**	**47**	**59.5**	**50**	**63.3**
水利管理业	8	5	62.5	5	62.5
生态保护和环境治理业	11	9	81.8	9	81.8
公共设施管理业	60	33	55.0	36	60.0
居民服务、修理和其他服务业	**99**	**37**	**37.4**	**43**	**43.4**
居民服务业	59	25	42.4	30	50.8
机动车、电子产品和日用产品修理业	19	4	21.1	4	21.1
其他服务业	21	8	38.1	9	42.9
教育	**61**	**35**	**57.4**	**38**	**62.3**
教育	61	35	57.4	38	62.3
卫生和社会工作	**48**	**34**	**70.8**	**52**	**108.3**
卫生	48	34	70.8	52	108.3
社会工作					
文化、体育和娱乐业	**150**	**87**	**58.0**	**98**	**65.3**
新闻和出版业	24	22	91.7	24	100.0
广播、电视、电影和影视录音制作业	27	24	88.9	27	100.0
文化艺术业	6	6	100.0	6	100.0
体育	19	6	31.6	6	31.6
娱乐业	74	29	39.2	35	47.3

6-08 分设区市企业建网站情况

地 区	企业数（个）	建立网站的企业		网站数量（个）	每百家拥有网站数（个）
		数量（个）	比重（%）		
全 省	**33637**	**15613**	**46.4**	**19025**	**56.6**
福州市	6462	3151	48.8	3800	58.8
#平潭	119	39	32.8	41	34.5
厦门市	5098	2972	58.3	3621	71.0
莆田市	2035	1013	49.8	1380	67.8
三明市	2786	443	15.9	443	15.9
泉州市	7678	3888	50.6	4641	60.4
漳州市	3238	1554	48.0	1888	58.3
南平市	1732	693	40.0	838	48.4
龙岩市	2409	968	40.2	1210	50.2
宁德市	2199	931	42.3	1204	54.8

6-09 分行业企业通过

行业	企业数(个)	使用互联网的企业		收发电子邮件	
		数量(个)	比重(%)	数量(个)	占使用互联网企业的比重(%)
总计	**33637**	**33093**	**98.4**	**30399**	**91.9**
采矿业	**457**	**431**	**94.3**	**408**	**94.7**
煤炭开采和洗选业	153	131	85.6	129	98.5
石油和天然气开采业					
黑色金属矿采选业	81	80	98.8	77	96.3
有色金属矿采选业	67	66	98.5	63	95.5
非金属矿采选业	156	154	98.7	139	90.3
开采辅助活动					
其他采矿业					
制造业	**15027**	**14823**	**98.6**	**13856**	**93.5**
农副食品加工业	952	940	98.7	877	93.3
食品制造业	515	512	99.4	487	95.1
酒、饮料和精制茶制造业	506	501	99.0	452	90.2
烟草制品业	6	6	100.0	6	100.0
纺织业	867	855	98.6	785	91.8
纺织服装、服饰业	1160	1140	98.3	1083	95.0
皮革、毛皮、羽毛及其制品和制鞋业	1262	1238	98.1	1157	93.5
木材加工和木、竹、藤、棕、草制品业	700	691	98.7	618	89.4
家具制造业	283	280	98.9	266	95.0
造纸和纸制品业	432	425	98.4	380	89.4
印刷和记录媒介复制业	210	208	99.0	190	91.3
文教、工美、体育和娱乐用品制造业	857	839	97.9	794	94.6
石油加工、炼焦和核燃料加工业	26	26	100.0	24	92.3
化学原料和化学制品制造业	662	660	99.7	631	95.6
医药制造业	117	116	99.1	112	96.6
化学纤维制造业	90	90	100.0	85	94.4
橡胶和塑料制品业	681	674	99.0	623	92.4
非金属矿物制品业	1672	1639	98.0	1493	91.1
黑色金属冶炼和压延加工业	326	323	99.1	297	92.0
有色金属冶炼和压延加工业	150	148	98.7	135	91.2
金属制品业	503	495	98.4	461	93.1
通用设备制造业	518	512	98.8	483	94.3

互联网开展活动情况

了解商品和服务的信息		从政府机构获取信息		与政府机构互动		使用网上银行	
数量 (个)	占使用互联网企业的比重 (%)	数量 (个)	占使用互联网企业的比重 (%)	数量 (个)	占使用互联网企业的比重 (%)	数量 (个)	占使用互联网企业的比重 (%)
17801	**53.8**	**18045**	**54.5**	**8648**	**26.1**	**25810**	**78.0**
221	**51.3**	**221**	**51.3**	**94**	**21.8**	**279**	**64.7**
66	50.4	84	64.1	29	22.1	86	65.6
44	55.0	45	56.3	22	27.5	59	73.8
39	59.1	31	47.0	21	31.8	42	63.6
72	46.8	61	39.6	22	14.3	92	59.7
8420	**56.8**	**8126**	**54.8**	**4082**	**27.5**	**11833**	**79.8**
555	59.0	538	57.2	260	27.7	750	79.8
327	63.9	297	58.0	168	32.8	430	84.0
308	61.5	282	56.3	116	23.2	356	71.1
4	66.7	4	66.7	3	50.0	5	83.3
469	54.9	466	54.5	231	27.0	716	83.7
584	51.2	549	48.2	282	24.7	898	78.8
582	47.0	614	49.6	293	23.7	909	73.4
371	53.7	311	45.0	129	18.7	512	74.1
140	50.0	140	50.0	70	25.0	232	82.9
234	55.1	226	53.2	116	27.3	341	80.2
105	50.5	101	48.6	47	22.6	175	84.1
460	54.8	409	48.7	206	24.6	643	76.6
20	76.9	16	61.5	5	19.2	21	80.8
430	65.2	411	62.3	212	32.1	557	84.4
82	70.7	84	72.4	47	40.5	99	85.3
59	65.6	61	67.8	22	24.4	72	80.0
397	58.9	406	60.2	203	30.1	557	82.6
763	46.6	784	47.8	371	22.6	1238	75.5
183	56.7	165	51.1	91	28.2	250	77.4
95	64.2	87	58.8	45	30.4	129	87.2
307	62.0	280	56.6	158	31.9	403	81.4
317	61.9	290	56.6	170	33.2	419	81.8

6-09 续表 1

行 业	企业数(个)	使用互联网的企业		收发电子邮件	
		数量(个)	比重(%)	数量(个)	占使用互联网企业的比重(%)
专用设备制造业	440	436	99.1	422	96.8
汽车制造业	354	348	98.3	334	96.0
铁路、船舶、航空航天和其他运输设备制造业	175	173	98.9	163	94.2
电气机械和器材制造业	725	715	98.6	694	97.1
计算机、通信和其他电子设备制造业	469	465	99.1	457	98.3
仪器仪表制造业	127	127	100.0	124	97.6
其他制造业	176	175	99.4	166	94.9
废弃资源综合利用业	43	43	100.0	35	81.4
金属制品、机械和设备修理业	23	23	100.0	22	95.7
电力、热力、燃气及水生产和供应业	**302**	**292**	**96.7**	**278**	**95.2**
电力、热力生产和供应业	245	235	95.9	225	95.7
燃气生产和供应业	18	18	100.0	16	88.9
水的生产和供应业	39	39	100.0	37	94.9
建筑业	**3136**	**3110**	**99.2**	**2924**	**94.0**
房屋建筑业	1328	1321	99.5	1241	93.9
土木工程建筑业	610	607	99.5	571	94.1
建筑安装业	370	363	98.1	353	97.2
建筑装饰和其他建筑业	828	819	98.9	759	92.7
批发和零售业	**7650**	**7521**	**98.3**	**6649**	**88.4**
批发业	4315	4240	98.3	3849	90.8
零售业	3335	3281	98.4	2800	85.3
交通运输、仓储和邮政业	**926**	**914**	**98.7**	**862**	**94.3**
铁路运输业	4	4	100.0	4	100.0
道路运输业	469	466	99.4	425	91.2
水上运输业	109	106	97.2	104	98.1
航空运输业	12	11	91.7	11	100.0
管道运输业					
装卸搬运和运输代理业	233	231	99.1	226	97.8
仓储业	64	61	95.3	59	96.7
邮政业	35	35	100.0	33	94.3
住宿和餐饮业	**1480**	**1444**	**97.6**	**1149**	**79.6**
住宿业	719	710	98.7	609	85.8
餐饮业	761	734	96.5	540	73.6

了解商品和服务的信息		从政府机构获取信息		与政府机构互动		使用网上银行	
数量（个）	占使用互联网企业的比重（%）	数量（个）	占使用互联网企业的比重（%）	数量（个）	占使用互联网企业的比重（%）	数量（个）	占使用互联网企业的比重（%）
277	63.5	270	61.9	132	30.3	365	83.7
200	57.5	219	62.9	105	30.2	294	84.5
100	57.8	93	53.8	40	23.1	139	80.3
512	71.6	470	65.7	257	35.9	627	87.7
328	70.5	338	72.7	191	41.1	399	85.8
86	67.7	78	61.4	42	33.1	104	81.9
89	50.9	100	57.1	55	31.4	136	77.7
21	48.8	22	51.2	10	23.3	37	86.0
15	65.2	15	65.2	5	21.7	20	87.0
123	**42.1**	**175**	**59.9**	**91**	**31.2**	**209**	**71.6**
94	40.0	136	57.9	69	29.4	167	71.1
12	66.7	11	61.1	9	50.0	14	77.8
17	43.6	28	71.8	13	33.3	28	71.8
1452	**46.7**	**2186**	**70.3**	**924**	**29.7**	**2605**	**83.8**
551	41.7	990	74.9	428	32.4	1130	85.5
276	45.5	434	71.5	180	29.7	522	86.0
215	59.2	236	65.0	108	29.8	294	81.0
410	50.1	526	64.2	208	25.4	659	80.5
4556	**60.6**	**3347**	**44.5**	**1558**	**20.7**	**5734**	**76.2**
2484	58.6	2047	48.3	958	22.6	3286	77.5
2072	63.2	1300	39.6	600	18.3	2448	74.6
351	**38.4**	**521**	**57.0**	**255**	**27.9**	**695**	**76.0**
1	25.0	2	50.0	1	25.0	3	75.0
143	30.7	254	54.5	113	24.2	340	73.0
47	44.3	67	63.2	36	34.0	88	83.0
5	45.5	8	72.7	3	27.3	7	63.6
113	48.9	132	57.1	72	31.2	189	81.8
23	37.7	43	70.5	20	32.8	42	68.9
19	54.3	15	42.9	10	28.6	26	74.3
627	**43.4**	**608**	**42.1**	**306**	**21.2**	**963**	**66.7**
377	53.1	362	51.0	193	27.2	530	74.6
250	34.1	246	33.5	113	15.4	433	59.0

6-09 续表 2

行业	企业数(个)	使用互联网的企业		收发电子邮件	
		数量(个)	比重(%)	数量(个)	占使用互联网企业的比重(%)
信息传输、软件和信息技术服务业	**331**	**329**	**99.4**	**323**	**98.2**
电信、广播电视和卫星传输服务	61	60	98.4	59	98.3
互联网和相关服务	31	31	100.0	31	100.0
软件和信息技术服务业	239	238	99.6	233	97.9
房地产业	**3111**	**3034**	**97.5**	**2834**	**93.4**
房地产业	3111	3034	97.5	2834	93.4
租赁和商务服务业	**485**	**475**	**97.9**	**457**	**96.2**
租赁业	18	18	100.0	18	100.0
商务服务业	467	457	97.9	439	96.1
科学研究和技术服务业	**295**	**292**	**99.0**	**283**	**96.9**
研究和试验发展	6	6	100.0	6	100.0
专业技术服务业	267	264	98.9	257	97.3
科技推广和应用服务业	22	22	100.0	20	90.9
水利、环境和公共设施管理业	**79**	**78**	**98.7**	**72**	**92.3**
水利管理业	8	8	100.0	6	75.0
生态保护和环境治理业	11	11	100.0	11	100.0
公共设施管理业	60	59	98.3	55	93.2
居民服务、修理和其他服务业	**99**	**92**	**92.9**	**73**	**79.3**
居民服务业	59	55	93.2	39	70.9
机动车、电子产品和日用产品修理业	19	17	89.5	15	88.2
其他服务业	21	20	95.2	19	95.0
教育	**61**	**61**	**100.0**	**55**	**90.2**
教育	61	61	100.0	55	90.2
卫生和社会工作	**48**	**48**	**100.0**	**40**	**83.3**
卫生	48	48	100.0	40	83.3
社会工作					
文化、体育和娱乐业	**150**	**149**	**99.3**	**136**	**91.3**
新闻和出版业	24	24	100.0	24	100.0
广播、电视、电影和影视录音制作业	27	27	100.0	26	96.3
文化艺术业	6	6	100.0	6	100.0
体育	19	19	100.0	17	89.5
娱乐业	74	73	98.6	63	86.3

了解商品和服务的信息		从政府机构获取信息		与政府机构互动		使用网上银行	
数量（个）	占使用互联网企业的比重（%）	数量（个）	占使用互联网企业的比重（%）	数量（个）	占使用互联网企业的比重（%）	数量（个）	占使用互联网企业的比重（%）
245	**74.5**	**228**	**69.3**	**132**	**40.1**	**279**	**84.8**
39	65.0	36	60.0	21	35.0	44	73.3
21	67.7	17	54.8	12	38.7	29	93.5
185	77.7	175	73.5	99	41.6	206	86.6
1262	**41.6**	**1927**	**63.5**	**867**	**28.6**	**2343**	**77.2**
1262	41.6	1927	63.5	867	28.6	2343	77.2
245	**51.6**	**275**	**57.9**	**134**	**28.2**	**375**	**78.9**
4	22.2	11	61.1	5	27.8	14	77.8
241	52.7	264	57.8	129	28.2	361	79.0
129	**44.2**	**196**	**67.1**	**89**	**30.5**	**219**	**75.0**
5	83.3	4	66.7	2	33.3	6	100.0
117	44.3	179	67.8	81	30.7	196	74.2
7	31.8	13	59.1	6	27.3	17	77.3
36	**46.2**	**52**	**66.7**	**22**	**28.2**	**47**	**60.3**
4	50.0	5	62.5	1	12.5	2	25.0
7	63.6	10	90.9	5	45.5	7	63.6
25	42.4	37	62.7	16	27.1	38	64.4
34	**37.0**	**33**	**35.9**	**25**	**27.2**	**55**	**59.8**
20	36.4	16	29.1	15	27.3	31	56.4
7	41.2	10	58.8	6	35.3	14	82.4
7	35.0	7	35.0	4	20.0	10	50.0
13	**21.3**	**33**	**54.1**	**12**	**19.7**	**41**	**67.2**
13	21.3	33	54.1	12	19.7	41	67.2
18	**37.5**	**32**	**66.7**	**10**	**20.8**	**28**	**58.3**
18	37.5	32	66.7	10	20.8	28	58.3
69	**46.3**	**85**	**57.0**	**47**	**31.5**	**105**	**70.5**
19	79.2	19	79.2	13	54.2	20	83.3
19	70.4	20	74.1	11	40.7	24	88.9
1	16.7	5	83.3	1	16.7	5	83.3
8	42.1	13	68.4	4	21.1	10	52.6
22	30.1	28	38.4	18	24.7	46	63.0

6-09 续表 3

行业	使用其他金融服务		提供客户服务		拨打互联网电话或召开视频会议	
	数量(个)	占使用互联网企业的比重(%)	数量(个)	占使用互联网企业的比重(%)	数量(个)	占使用互联网企业的比重(%)
总　计	**4750**	**14.4**	**12000**	**36.3**	**3248**	**9.8**
采矿业	**43**	**10.0**	**76**	**17.6**	**15**	**3.5**
煤炭开采和洗选业	14	10.7	21	16.0	7	5.3
石油和天然气开采业						
黑色金属矿采选业	10	12.5	19	23.8	1	1.3
有色金属矿采选业	8	12.1	9	13.6	3	4.5
非金属矿采选业	11	7.1	27	17.5	4	2.6
开采辅助活动						
其他采矿业						
制造业	**2205**	**14.9**	**5919**	**39.9**	**1405**	**9.5**
农副食品加工业	161	17.1	359	38.2	80	8.5
食品制造业	89	17.4	231	45.1	48	9.4
酒、饮料和精制茶制造业	60	12.0	193	38.5	33	6.6
烟草制品业			2	33.3	3	50.0
纺织业	139	16.3	350	40.9	50	5.8
纺织服装、服饰业	151	13.2	402	35.3	83	7.3
皮革、毛皮、羽毛及其制品和制鞋业	144	11.6	417	33.7	92	7.4
木材加工和木、竹、藤、棕、草制品业	93	13.5	220	31.8	29	4.2
家具制造业	37	13.2	103	36.8	18	6.4
造纸和纸制品业	79	18.6	170	40.0	42	9.9
印刷和记录媒介复制业	33	15.9	87	41.8	12	5.8
文教、工美、体育和娱乐用品制造业	112	13.3	338	40.3	51	6.1
石油加工、炼焦和核燃料加工业	6	23.1	13	50.0	4	15.4
化学原料和化学制品制造业	106	16.1	272	41.2	71	10.8
医药制造业	14	12.1	66	56.9	25	21.6
化学纤维制造业	12	13.3	27	30.0	2	2.2
橡胶和塑料制品业	107	15.9	288	42.7	82	12.2
非金属矿物制品业	188	11.5	556	33.9	87	5.3
黑色金属冶炼和压延加工业	41	12.7	119	36.8	16	5.0
有色金属冶炼和压延加工业	40	27.0	71	48.0	26	17.6
金属制品业	77	15.6	206	41.6	56	11.3
通用设备制造业	79	15.4	222	43.4	62	12.1

在线提供产品		发布消息或即时消息		员工培训		对外或对内招聘	
数量(个)	占使用互联网企业的比重(%)	数量(个)	占使用互联网企业的比重(%)	数量(个)	占使用互联网企业的比重(%)	数量(个)	占使用互联网企业的比重(%)
4773	**14.4**	**9835**	**29.7**	**7137**	**21.6**	**13599**	**41.1**
22	**5.1**	**59**	**13.7**	**60**	**13.9**	**49**	**11.4**
4	3.1	20	15.3	32	24.4	18	13.7
5	6.3	11	13.8	11	13.8	12	15.0
1	1.5	9	13.6	5	7.6	6	9.1
12	7.8	19	12.3	12	7.8	13	8.4
2726	**18.4**	**4098**	**27.6**	**2701**	**18.2**	**6269**	**42.3**
203	21.6	263	28.0	164	17.4	393	41.8
118	23.0	170	33.2	101	19.7	231	45.1
133	26.5	146	29.1	116	23.2	192	38.3
		3	50.0	3	50.0	3	50.0
128	15.0	199	23.3	111	13.0	324	37.9
172	15.1	285	25.0	171	15.0	454	39.8
160	12.9	244	19.7	177	14.3	463	37.4
110	15.9	113	16.4	70	10.1	153	22.1
57	20.4	78	27.9	45	16.1	127	45.4
79	18.6	126	29.6	73	17.2	190	44.7
24	11.5	52	25.0	38	18.3	104	50.0
189	22.5	213	25.4	116	13.8	314	37.4
9	34.6	11	42.3	10	38.5	15	57.7
116	17.6	194	29.4	138	20.9	294	44.5
30	25.9	52	44.8	41	35.3	67	57.8
13	14.4	30	33.3	14	15.6	47	52.2
108	16.0	193	28.6	124	18.4	301	44.7
216	13.2	338	20.6	201	12.3	527	32.2
37	11.5	63	19.5	44	13.6	85	26.3
31	20.9	58	39.2	31	20.9	76	51.4
83	16.8	145	29.3	101	20.4	224	45.3
107	20.9	174	34.0	113	22.1	262	51.2

6-09 续表 4

行业	使用其他金融服务		提供客户服务		拨打互联网电话或召开视频会议	
	数量(个)	占使用互联网企业的比重(%)	数量(个)	占使用互联网企业的比重(%)	数量(个)	占使用互联网企业的比重(%)
专用设备制造业	67	15.4	202	46.3	49	11.2
汽车制造业	54	15.5	148	42.5	73	21.0
铁路、船舶、航空航天和其他运输设备制造业	27	15.6	65	37.6	16	9.2
电气机械和器材制造业	140	19.6	382	53.4	113	15.8
计算机、通信和其他电子设备制造业	95	20.4	263	56.6	146	31.4
仪器仪表制造业	18	14.2	67	52.8	12	9.4
其他制造业	25	14.3	61	34.9	15	8.6
废弃资源综合利用业	6	14.0	8	18.6	4	9.3
金属制品、机械和设备修理业	5	21.7	11	47.8	5	21.7
电力、热力、燃气及水生产和供应业	**36**	**12.3**	**68**	**23.3**	**62**	**21.2**
电力、热力生产和供应业	28	11.9	42	17.9	52	22.1
燃气生产和供应业	5	27.8	11	61.1	7	38.9
水的生产和供应业	3	7.7	15	38.5	3	7.7
建筑业	**420**	**13.5**	**808**	**26.0**	**182**	**5.9**
房屋建筑业	172	13.0	311	23.5	71	5.4
土木工程建筑业	79	13.0	138	22.7	31	5.1
建筑安装业	56	15.4	135	37.2	40	11.0
建筑装饰和其他建筑业	113	13.8	224	27.4	40	4.9
批发和零售业	**1139**	**15.1**	**2817**	**37.5**	**760**	**10.1**
批发业	736	17.4	1531	36.1	404	9.5
零售业	403	12.3	1286	39.2	356	10.9
交通运输、仓储和邮政业	**105**	**11.5**	**325**	**35.6**	**137**	**15.0**
铁路运输业	1	25.0	1	25.0		
道路运输业	34	7.3	119	25.5	38	8.2
水上运输业	16	15.1	30	28.3	15	14.2
航空运输业	1	9.1	4	36.4	4	36.4
管道运输业						
装卸搬运和运输代理业	42	18.2	123	53.2	53	22.9
仓储业	3	4.9	19	31.1	14	23.0
邮政业	8	22.9	29	82.9	13	37.1
住宿和餐饮业	**107**	**7.4**	**506**	**35.0**	**89**	**6.2**
住宿业	77	10.8	341	48.0	67	9.4
餐饮业	30	4.1	165	22.5	22	3.0

在线提供产品		发布消息或即时消息		员工培训		对外或对内招聘	
数量（个）	占使用互联网企业的比重（%）	数量（个）	占使用互联网企业的比重（%）	数量（个）	占使用互联网企业的比重（%）	数量（个）	占使用互联网企业的比重（%）
105	24.1	162	37.2	117	26.8	239	54.8
60	17.2	112	32.2	96	27.6	180	51.7
31	17.9	46	26.6	29	16.8	70	40.5
209	29.2	296	41.4	215	30.1	437	61.1
122	26.2	218	46.9	165	35.5	322	69.2
40	31.5	52	40.9	33	26.0	83	65.4
28	16.0	44	25.1	36	20.6	73	41.7
6	14.0	10	23.3	3	7.0	8	18.6
2	8.7	8	34.8	5	21.7	11	47.8
10	**3.4**	**113**	**38.7**	**85**	**29.1**	**81**	**27.7**
7	3.0	91	38.7	71	30.2	56	23.8
3	16.7	7	38.9	9	50.0	11	61.1
		15	38.5	5	12.8	14	35.9
169	**5.4**	**935**	**30.1**	**982**	**31.6**	**1378**	**44.3**
64	4.8	376	28.5	479	36.3	537	40.7
22	3.6	210	34.6	195	32.1	284	46.8
42	11.6	129	35.5	115	31.7	184	50.7
41	5.0	220	26.9	193	23.6	373	45.5
1135	**15.1**	**2224**	**29.6**	**1641**	**21.8**	**2822**	**37.5**
551	13.0	1190	28.1	729	17.2	1608	37.9
584	17.8	1034	31.5	912	27.8	1214	37.0
70	**7.7**	**342**	**37.4**	**186**	**20.4**	**339**	**37.1**
		2	50.0	1	25.0		
24	5.2	141	30.3	72	15.5	139	29.8
3	2.8	42	39.6	19	17.9	42	39.6
3	27.3	7	63.6	5	45.5	6	54.5
28	12.1	106	45.9	58	25.1	106	45.9
2	3.3	21	34.4	14	23.0	25	41.0
10	28.6	23	65.7	17	48.6	21	60.0
197	**13.6**	**374**	**25.9**	**338**	**23.4**	**598**	**41.4**
139	19.6	239	33.7	213	30.0	367	51.7
58	7.9	135	18.4	125	17.0	231	31.5

6-09 续表 5

行 业	使用其他金融服务		提供客户服务		拨打互联网电话或召开视频会议	
	数量(个)	占使用互联网企业的比重(%)	数量(个)	占使用互联网企业的比重(%)	数量(个)	占使用互联网企业的比重(%)
信息传输、软件和信息技术服务业	**80**	**24.3**	**217**	**66.0**	**129**	**39.2**
电信、广播电视和卫星传输服务	15	25.0	33	55.0	26	43.3
互联网和相关服务	13	41.9	26	83.9	10	32.3
软件和信息技术服务业	52	21.8	158	66.4	93	39.1
房地产业	**448**	**14.8**	**788**	**26.0**	**314**	**10.3**
房地产业	448	14.8	788	26.0	314	10.3
租赁和商务服务业	**82**	**17.3**	**220**	**46.3**	**81**	**17.1**
租赁业	3	16.7	7	38.9	1	5.6
商务服务业	79	17.3	213	46.6	80	17.5
科学研究和技术服务业	**48**	**16.4**	**106**	**36.3**	**30**	**10.3**
研究和试验发展	2	33.3	5	83.3	1	16.7
专业技术服务业	43	16.3	96	36.4	28	10.6
科技推广和应用服务业	3	13.6	5	22.7	1	4.5
水利、环境和公共设施管理业	**9**	**11.5**	**21**	**26.9**	**6**	**7.7**
水利管理业			1	12.5	2	25.0
生态保护和环境治理业	4	36.4	3	27.3	1	9.1
公共设施管理业	5	8.5	17	28.8	3	5.1
居民服务、修理和其他服务业	**9**	**9.8**	**24**	**26.1**	**4**	**4.3**
居民服务业	6	10.9	14	25.5	2	3.6
机动车、电子产品和日用产品修理业	2	11.8	5	29.4	2	11.8
其他服务业	1	5.0	5	25.0		
教育	**2**	**3.3**	**24**	**39.3**	**2**	**3.3**
教育	2	3.3	24	39.3	2	3.3
卫生和社会工作	**2**	**4.2**	**18**	**37.5**	**6**	**12.5**
卫生	2	4.2	18	37.5	6	12.5
社会工作						
文化、体育和娱乐业	**15**	**10.1**	**63**	**42.3**	**26**	**17.4**
新闻和出版业	8	33.3	13	54.2	1	4.2
广播、电视、电影和影视录音制作业	2	7.4	18	66.7	13	48.1
文化艺术业			4	66.7	2	33.3
体育	2	10.5	7	36.8		
娱乐业	3	4.1	21	28.8	10	13.7

在线提供产品		发布消息或即时消息		员工培训		对外或对内招聘	
数量（个）	占使用互联网企业的比重（%）	数量（个）	占使用互联网企业的比重（%）	数量（个）	占使用互联网企业的比重（%）	数量（个）	占使用互联网企业的比重（%）
129	**39.2**	**212**	**64.4**	**170**	**51.7**	**260**	**79.0**
23	38.3	31	51.7	28	46.7	40	66.7
19	61.3	26	83.9	15	48.4	24	77.4
87	36.6	155	65.1	127	53.4	196	82.4
160	**5.3**	**939**	**30.9**	**626**	**20.6**	**1227**	**40.4**
160	5.3	939	30.9	626	20.6	1227	40.4
88	**18.5**	**235**	**49.5**	**148**	**31.2**	**229**	**48.2**
		7	38.9	3	16.7	6	33.3
88	19.3	228	49.9	145	31.7	223	48.8
22	**7.5**	**136**	**46.6**	**86**	**29.5**	**159**	**54.5**
1	16.7	4	66.7	2	33.3	6	100.0
21	8.0	125	47.3	80	30.3	147	55.7
		7	31.8	4	18.2	6	27.3
7	**9.0**	**27**	**34.6**	**21**	**26.9**	**34**	**43.6**
		2	25.0	4	50.0	3	37.5
1	9.1	5	45.5	4	36.4	7	63.6
6	10.2	20	33.9	13	22.0	24	40.7
7	**7.6**	**27**	**29.3**	**13**	**14.1**	**37**	**40.2**
3	5.5	15	27.3	5	9.1	23	41.8
3	17.6	8	47.1	4	23.5	8	47.1
1	5.0	4	20.0	4	20.0	6	30.0
3	**4.9**	**29**	**47.5**	**25**	**41.0**	**21**	**34.4**
3	4.9	29	47.5	25	41.0	21	34.4
3	**6.3**	**16**	**33.3**	**13**	**27.1**	**25**	**52.1**
3	6.3	16	33.3	13	27.1	25	52.1
25	**16.8**	**69**	**46.3**	**42**	**28.2**	**71**	**47.7**
7	29.2	20	83.3	5	20.8	14	58.3
12	44.4	19	70.4	14	51.9	18	66.7
2	33.3	4	66.7			3	50.0
2	10.5	4	21.1	6	31.6	8	42.1
2	2.7	22	30.1	17	23.3	28	38.4

6-10 分设区市企业通过

地 区	企业数(个)	使用互联网的企业		收发电子邮件		了解商品和服务的信息	
		数量(个)	比重(%)	数量(个)	占使用互联网企业的比重(%)	数量(个)	占使用互联网企业的比重(%)
全 省	**33637**	**33093**	**98.4**	**30399**	**91.9**	**17801**	**53.8**
福州市	6462	6343	98.2	5799	91.4	3337	52.6
#平潭	119	119	100.0	107	89.9	62	52.1
厦门市	5098	5011	98.3	4809	96.0	2989	59.6
莆田市	2035	1993	97.9	1810	90.8	969	48.6
三明市	2786	2772	99.5	2585	93.3	1522	54.9
泉州市	7678	7522	98.0	6715	89.3	3741	49.7
漳州市	3238	3187	98.4	2950	92.6	1637	51.4
南平市	1732	1730	99.9	1574	91.0	951	55.0
龙岩市	2409	2368	98.3	2201	92.9	1437	60.7
宁德市	2199	2167	98.5	1956	90.3	1218	56.2

6-10 续表

地 区	使用其他金融服务		提供客户服务		拨打互联网电话或召开视频会议	
	数量(个)	占使用互联网企业的比重(%)	数量(个)	占使用互联网企业的比重(%)	数量(个)	占使用互联网企业的比重(%)
全 省	**4750**	**14.4**	**12000**	**36.3**	**3248**	**9.8**
福州市	938	14.8	2354	37.1	777	12.2
#平潭	9	7.6	36	30.3	8	6.7
厦门市	944	18.8	2216	44.2	974	19.4
莆田市	240	12.0	668	33.5	167	8.4
三明市	387	14.0	808	29.1	144	5.2
泉州市	1000	13.3	2643	35.1	541	7.2
漳州市	365	11.5	1075	33.7	230	7.2
南平市	253	14.6	590	34.1	104	6.0
龙岩市	336	14.2	817	34.5	172	7.3
宁德市	287	13.2	829	38.3	139	6.4

互联网开展活动情况

从政府机构获取信息		与政府机构互动		使用网上银行	
数量(个)	占使用互联网企业的比重(%)	数量(个)	占使用互联网企业的比重(%)	数量(个)	占使用互联网企业的比重(%)
18045	**54.5**	**8648**	**26.1**	**25810**	**78.0**
3472	54.7	1596	25.2	4859	76.6
73	61.3	39	32.8	88	73.9
3560	71.0	1851	36.9	4209	84.0
1012	50.8	477	23.9	1480	74.3
1395	50.3	555	20.0	2127	76.7
3599	47.8	1892	25.2	5627	74.8
1618	50.8	792	24.9	2395	75.1
928	53.6	374	21.6	1422	82.2
1394	58.9	619	26.1	1926	81.3
1067	49.2	492	22.7	1765	81.4

在线提供产品		发布消息或即时消息		员工培训		对外或对内招聘	
数量(个)	占使用互联网企业的比重(%)	数量(个)	占使用互联网企业的比重(%)	数量(个)	占使用互联网企业的比重(%)	数量(个)	占使用互联网企业的比重(%)
4773	**14.4**	**9835**	**29.7**	**7137**	**21.6**	**13599**	**41.1**
862	13.6	2036	32.1	1524	24.0	2882	45.4
7	5.9	37	31.1	24	20.2	47	39.5
841	16.8	2198	43.9	1458	29.1	2999	59.8
288	14.5	543	27.2	361	18.1	762	38.2
260	9.4	528	19.0	460	16.6	688	24.8
1168	15.5	2044	27.2	1481	19.7	2912	38.7
444	13.9	828	26.0	563	17.7	1238	38.8
267	15.4	406	23.5	361	20.9	491	28.4
288	12.2	665	28.1	545	23.0	886	37.4
355	16.4	587	27.1	384	17.7	741	34.2

6-11 分行业企业互联网

行业	企业数(个)	使用互联网的企业		通过互联网进行宣传推广的企业数		自有网站	
		数量(个)	比重(%)	数量(个)	占使用互联网企业的比重(%)	数量(个)	占使用互联网企业的比重(%)
总　计	**33637**	**33093**	**98.4**	**22611**	**68.3**	**9508**	**28.7**
采矿业	**457**	**431**	**94.3**	**206**	**47.8**	**30**	**7.0**
煤炭开采和洗选业	153	131	85.6	63	48.1	6	4.6
石油和天然气开采业							
黑色金属矿采选业	81	80	98.8	35	43.8	6	7.5
有色金属矿采选业	67	66	98.5	27	40.9	4	6.1
非金属矿采选业	156	154	98.7	81	52.6	14	9.1
开采辅助活动							
其他采矿业							
制造业	**15027**	**14823**	**98.6**	**10756**	**72.6**	**4930**	**33.3**
农副食品加工业	952	940	98.7	695	73.9	320	34.0
食品制造业	515	512	99.4	412	80.5	222	43.4
酒、饮料和精制茶制造业	506	501	99.0	375	74.9	170	33.9
烟草制品业	6	6	100.0	4	66.7	4	66.7
纺织业	867	855	98.6	544	63.6	219	25.6
纺织服装、服饰业	1160	1140	98.3	770	67.5	286	25.1
皮革、毛皮、羽毛及其制品和制鞋业	1262	1238	98.1	873	70.5	345	27.9
木材加工和木、竹、藤、棕、草制品业	700	691	98.7	424	61.4	114	16.5
家具制造业	283	280	98.9	193	68.9	81	28.9
造纸和纸制品业	432	425	98.4	285	67.1	117	27.5
印刷和记录媒介复制业	210	208	99.0	146	70.2	46	22.1
文教、工美、体育和娱乐用品制造业	857	839	97.9	628	74.9	258	30.8
石油加工、炼焦和核燃料加工业	26	26	100.0	24	92.3	17	65.4
化学原料和化学制品制造业	662	660	99.7	504	76.4	249	37.7
医药制造业	117	116	99.1	99	85.3	59	50.9
化学纤维制造业	90	90	100.0	68	75.6	34	37.8
橡胶和塑料制品业	681	674	99.0	484	71.8	225	33.4
非金属矿物制品业	1672	1639	98.0	1108	67.6	452	27.6
黑色金属冶炼和压延加工业	326	323	99.1	204	63.2	74	22.9
有色金属冶炼和压延加工业	150	148	98.7	113	76.4	61	41.2
金属制品业	503	495	98.4	375	75.8	177	35.8
通用设备制造业	518	512	98.8	417	81.4	223	43.6

宣传和推广情况

互联网广告		搜索引擎		电子商务平台		电子邮件		社交网站和即时通讯社交工具		其他	
数量（个）	占使用互联网企业的比重（%）	数量（个）	占使用互联网企业的比重（%）	数量（个）	占使用互联网企业的比重（%）	数量（个）	占使用互联网企业的比重（%）	数量（个）	占使用互联网企业的比重（%）	数量（个）	占使用互联网企业的比重（%）
6290	**19.0**	**3311**	**10.0**	**3203**	**9.7**	**9369**	**28.3**	**4190**	**12.7**	**6251**	**18.9**
39	**9.0**	**22**	**5.1**	**17**	**3.9**	**130**	**30.2**	**41**	**9.5**	**51**	**11.8**
16	12.2	9	6.9	12	9.2	40	30.5	12	9.2	15	11.5
3	3.8	2	2.5	2	2.5	22	27.5	10	12.5	8	10.0
3	4.5	3	4.5	3	4.5	18	27.3	6	9.1	5	7.6
17	11.0	8	5.2			50	32.5	13	8.4	23	14.9
3006	**20.3**	**1553**	**10.5**	**1863**	**12.6**	**4926**	**33.2**	**1552**	**10.5**	**2466**	**16.6**
183	19.5	88	9.4	109	11.6	310	33.0	93	9.9	163	17.3
127	24.8	64	12.5	82	16.0	181	35.4	76	14.8	94	18.4
155	30.9	57	11.4	76	15.2	159	31.7	99	19.8	89	17.8
				1	16.7	1	16.7	1	16.7		
141	16.5	86	10.1	95	11.1	249	29.1	71	8.3	137	16.0
210	18.4	96	8.4	155	13.6	342	30.0	138	12.1	203	17.8
221	17.9	101	8.2	151	12.2	347	28.0	123	9.9	229	18.5
98	14.2	43	6.2	73	10.6	246	35.6	70	10.1	104	15.1
47	16.8	22	7.9	38	13.6	107	38.2	28	10.0	41	14.6
75	17.6	44	10.4	44	10.4	134	31.5	38	8.9	77	18.1
37	17.8	20	9.6	14	6.7	71	34.1	20	9.6	44	21.2
175	20.9	68	8.1	115	13.7	348	41.5	123	14.7	107	12.8
9	34.6	6	23.1	2	7.7	10	38.5	2	7.7	1	3.8
141	21.4	70	10.6	65	9.8	231	35.0	53	8.0	101	15.3
33	28.4	22	19.0	19	16.4	40	34.5	26	22.4	16	13.8
13	14.4	12	13.3	14	15.6	28	31.1	9	10.0	17	18.9
134	19.9	83	12.3	86	12.8	228	33.8	67	9.9	106	15.7
285	17.4	151	9.2	126	7.7	451	27.5	140	8.5	306	18.7
47	14.6	25	7.7	31	9.6	78	24.1	25	7.7	51	15.8
39	26.4	26	17.6	24	16.2	57	38.5	18	12.2	22	14.9
104	21.0	54	10.9	51	10.3	179	36.2	38	7.7	85	17.2
132	25.8	67	13.1	83	16.2	184	35.9	54	10.5	93	18.2

6-11 续表 1

行　　业	企业数(个)	使用互联网的企业		通过互联网进行宣传推广的企业数		自有网站	
		数量(个)	比重(%)	数量(个)	占使用互联网企业的比重(%)	数量(个)	占使用互联网企业的比重(%)
专用设备制造业	440	436	99.1	341	78.2	215	49.3
汽车制造业	354	348	98.3	267	76.7	149	42.8
铁路、船舶、航空航天和其他运输设备制造业	175	173	98.9	119	68.8	56	32.4
电气机械和器材制造业	725	715	98.6	609	85.2	361	50.5
计算机、通信和其他电子设备制造业	469	465	99.1	401	86.2	265	57.0
仪器仪表制造业	127	127	100.0	113	89.0	69	54.3
其他制造业	176	175	99.4	117	66.9	51	29.1
废弃资源综合利用业	43	43	100.0	26	60.5	5	11.6
金属制品、机械和设备修理业	23	23	100.0	18	78.3	6	26.1
电力、热力、燃气及水生产和供应业	**302**	**292**	**96.7**	**158**	**54.1**	**90**	**30.8**
电力、热力生产和供应业	245	235	95.9	122	51.9	62	26.4
燃气生产和供应业	18	18	100.0	10	55.6	7	38.9
水的生产和供应业	39	39	100.0	26	66.7	21	53.8
建筑业	**3136**	**3110**	**99.2**	**1933**	**62.2**	**696**	**22.4**
房屋建筑业	1328	1321	99.5	790	59.8	235	17.8
土木工程建筑业	610	607	99.5	379	62.4	141	23.2
建筑安装业	370	363	98.1	264	72.7	145	39.9
建筑装饰和其他建筑业	828	819	98.9	500	61.1	175	21.4
批发和零售业	**7650**	**7521**	**98.3**	**4857**	**64.6**	**1745**	**23.2**
批发业	4315	4240	98.3	2600	61.3	897	21.2
零售业	3335	3281	98.4	2257	68.8	848	25.8
交通运输、仓储和邮政业	**926**	**914**	**98.7**	**574**	**62.8**	**281**	**30.7**
铁路运输业	4	4	100.0	1	25.0		
道路运输业	469	466	99.4	271	58.2	106	22.7
水上运输业	109	106	97.2	64	60.4	36	34.0
航空运输业	12	11	91.7	11	100.0	9	81.8
管道运输业							
装卸搬运和运输代理业	233	231	99.1	161	69.7	93	40.3
仓储业	64	61	95.3	38	62.3	19	31.1
邮政业	35	35	100.0	28	80.0	18	51.4
住宿和餐饮业	**1480**	**1444**	**97.6**	**1000**	**69.3**	**393**	**27.2**
住宿业	719	710	98.7	569	80.1	277	39.0
餐饮业	761	734	96.5	431	58.7	116	15.8

互联网广告		搜索引擎		电子商务平台		电子邮件		社交网站和即时通讯社交工具		其他	
数量（个）	占使用互联网企业的比重（%）	数量（个）	占使用互联网企业的比重（%）	数量（个）	占使用互联网企业的比重（%）	数量（个）	占使用互联网企业的比重（%）	数量（个）	占使用互联网企业的比重（%）	数量（个）	占使用互联网企业的比重（%）
111	25.5	69	15.8	62	14.2	148	33.9	24	5.5	70	16.1
69	19.8	37	10.6	37	10.6	119	34.2	22	6.3	51	14.7
41	23.7	13	7.5	17	9.8	52	30.1	19	11.0	28	16.2
194	27.1	110	15.4	155	21.7	319	44.6	79	11.0	112	15.7
111	23.9	76	16.3	75	16.1	190	40.9	65	14.0	68	14.6
38	29.9	27	21.3	26	20.5	55	43.3	13	10.2	11	8.7
27	15.4	10	5.7	31	17.7	46	26.3	15	8.6	23	13.1
5	11.6	2	4.7	2	4.7	8	18.6	3	7.0	13	30.2
4	17.4	4	17.4	4	17.4	8	34.8			4	17.4
25	**8.6**	**10**	**3.4**	**6**	**2.1**	**45**	**15.4**	**22**	**7.5**	**30**	**10.3**
15	6.4	5	2.1	4	1.7	36	15.3	18	7.7	22	9.4
5	27.8	2	11.1	1	5.6	3	16.7	2	11.1	3	16.7
5	12.8	3	7.7	1	2.6	6	15.4	2	5.1	5	12.8
369	**11.9**	**305**	**9.8**	**98**	**3.2**	**833**	**26.8**	**326**	**10.5**	**652**	**21.0**
143	10.8	126	9.5	38	2.9	340	25.7	144	10.9	278	21.0
72	11.9	54	8.9	9	1.5	150	24.7	61	10.0	140	23.1
51	14.0	42	11.6	19	5.2	112	30.9	30	8.3	64	17.6
103	12.6	83	10.1	32	3.9	231	28.2	91	11.1	170	20.8
1257	**16.7**	**676**	**9.0**	**728**	**9.7**	**1852**	**24.6**	**1084**	**14.4**	**1584**	**21.1**
538	12.7	359	8.5	394	9.3	1105	26.1	408	9.6	832	19.6
719	21.9	317	9.7	334	10.2	747	22.8	676	20.6	752	22.9
111	**12.1**	**86**	**9.4**	**38**	**4.2**	**232**	**25.4**	**79**	**8.6**	**156**	**17.1**
		1	25.0			1	25.0			1	25.0
48	10.3	36	7.7	10	2.1	90	19.3	38	8.2	85	18.2
11	10.4	8	7.5	4	3.8	28	26.4	5	4.7	12	11.3
1	9.1	2	18.2	2	18.2	2	18.2	2	18.2		
39	16.9	24	10.4	16	6.9	93	40.3	26	11.3	37	16.0
6	9.8	8	13.1	3	4.9	13	21.3	5	8.2	12	19.7
6	17.1	7	20.0	3	8.6	5	14.3	3	8.6	9	25.7
327	**22.6**	**138**	**9.6**	**181**	**12.5**	**276**	**19.1**	**304**	**21.1**	**307**	**21.3**
191	26.9	103	14.5	134	18.9	177	24.9	171	24.1	168	23.7
136	18.5	35	4.8	47	6.4	99	13.5	133	18.1	139	18.9

6-11 续表 2

行业	企业数(个)	使用互联网的企业		通过互联网进行宣传推广的企业数		自有网站	
		数量(个)	比重(%)	数量(个)	占使用互联网企业的比重(%)	数量(个)	占使用互联网企业的比重(%)
信息传输、软件和信息技术服务业	**331**	**329**	**99.4**	**298**	**90.6**	**220**	**66.9**
电信、广播电视和卫星传输服务	61	60	98.4	46	76.7	32	53.3
互联网和相关服务	31	31	100.0	31	100.0	24	77.4
软件和信息技术服务业	239	238	99.6	221	92.9	164	68.9
房地产业	**3111**	**3034**	**97.5**	**1942**	**64.0**	**588**	**19.4**
房地产业	3111	3034	97.5	1942	64.0	588	19.4
租赁和商务服务业	**485**	**475**	**97.9**	**362**	**76.2**	**223**	**46.9**
租赁业	18	18	100.0	10	55.6	5	27.8
商务服务业	467	457	97.9	352	77.0	218	47.7
科学研究和技术服务业	**295**	**292**	**99.0**	**212**	**72.6**	**127**	**43.5**
研究和试验发展	6	6	100.0	6	100.0	5	83.3
专业技术服务业	267	264	98.9	194	73.5	112	42.4
科技推广和应用服务业	22	22	100.0	12	54.5	10	45.5
水利、环境和公共设施管理业	**79**	**78**	**98.7**	**57**	**73.1**	**35**	**44.9**
水利管理业	8	8	100.0	5	62.5	3	37.5
生态保护和环境治理业	11	11	100.0	9	81.8	6	54.5
公共设施管理业	60	59	98.3	43	72.9	26	44.1
居民服务、修理和其他服务业	**99**	**92**	**92.9**	**56**	**60.9**	**27**	**29.3**
居民服务业	59	55	93.2	35	63.6	20	36.4
机动车、电子产品和日用产品修理业	19	17	89.5	10	58.8	4	23.5
其他服务业	21	20	95.2	11	55.0	3	15.0
教育	**61**	**61**	**100.0**	**49**	**80.3**	**29**	**47.5**
教育	61	61	100.0	49	80.3	29	47.5
卫生和社会工作	**48**	**48**	**100.0**	**41**	**85.4**	**27**	**56.3**
卫生	48	48	100.0	41	85.4	27	56.3
社会工作							
文化、体育和娱乐业	**150**	**149**	**99.3**	**110**	**73.8**	**67**	**45.0**
新闻和出版业	24	24	100.0	23	95.8	17	70.8
广播、电视、电影和影视录音制作业	27	27	100.0	26	96.3	19	70.4
文化艺术业	6	6	100.0	6	100.0	6	100.0
体育	19	19	100.0	12	63.2	6	31.6
娱乐业	74	73	98.6	43	58.9	19	26.0

互联网广告		搜索引擎		电子商务平台		电子邮件		社交网站和即时通讯社交工具		其他	
数量（个）	占使用互联网企业的比重（%）	数量（个）	占使用互联网企业的比重（%）	数量（个）	占使用互联网企业的比重（%）	数量（个）	占使用互联网企业的比重（%）	数量（个）	占使用互联网企业的比重（%）	数量（个）	占使用互联网企业的比重（%）
118	**35.9**	**92**	**28.0**	**62**	**18.8**	**123**	**37.4**	**104**	**31.6**	**68**	**20.7**
32	53.3	11	18.3	15	25.0	16	26.7	22	36.7	10	16.7
19	61.3	14	45.2	7	22.6	16	51.6	19	61.3	4	12.9
67	28.2	67	28.2	40	16.8	91	38.2	63	26.5	54	22.7
801	**26.4**	**274**	**9.0**	**119**	**3.9**	**649**	**21.4**	**441**	**14.5**	**691**	**22.8**
801	26.4	274	9.0	119	3.9	649	21.4	441	14.5	691	22.8
117	**24.6**	**74**	**15.6**	**48**	**10.1**	**134**	**28.2**	**99**	**20.8**	**89**	**18.7**
2	11.1	2	11.1	1	5.6	1	5.6	1	5.6	3	16.7
115	25.2	72	15.8	47	10.3	133	29.1	98	21.4	86	18.8
31	**10.6**	**26**	**8.9**	**11**	**3.8**	**76**	**26.0**	**24**	**8.2**	**61**	**20.9**
		1	16.7			2	33.3	2	33.3	2	33.3
26	9.8	24	9.1	10	3.8	71	26.9	22	8.3	58	22.0
5	22.7	1	4.5	1	4.5	3	13.6			1	4.5
15	**19.2**	**6**	**7.7**	**6**	**7.7**	**23**	**29.5**	**17**	**21.8**	**17**	**21.8**
						1	12.5	1	12.5	3	37.5
1	9.1					5	45.5	1	9.1	2	18.2
14	23.7	6	10.2	6	10.2	17	28.8	15	25.4	12	20.3
12	**13.0**	**8**	**8.7**	**4**	**4.3**	**17**	**18.5**	**13**	**14.1**	**20**	**21.7**
9	16.4	4	7.3	3	5.5	6	10.9	7	12.7	11	20.0
3	17.6	3	17.6			5	29.4	3	17.6	4	23.5
		1	5.0	1	5.0	6	30.0	3	15.0	5	25.0
10	**16.4**	**10**	**16.4**	**1**	**1.6**	**16**	**26.2**	**11**	**18.0**	**16**	**26.2**
10	16.4	10	16.4	1	1.6	16	26.2	11	18.0	16	26.2
16	**33.3**	**15**	**31.3**	**5**	**10.4**	**4**	**8.3**	**13**	**27.1**	**10**	**20.8**
16	33.3	15	31.3	5	10.4	4	8.3	13	27.1	10	20.8
36	**24.2**	**16**	**10.7**	**16**	**10.7**	**33**	**22.1**	**60**	**40.3**	**33**	**22.1**
8	33.3	3	12.5	2	8.3	4	16.7	14	58.3	8	33.3
11	40.7	7	25.9	9	33.3	10	37.0	18	66.7	9	33.3
2	33.3			1	16.7	3	50.0	4	66.7	3	50.0
		1	5.3	1	5.3	1	5.3	4	21.1	2	10.5
15	20.5	5	6.8	3	4.1	15	20.5	20	27.4	11	15.1

6-12 分设区市企业互联网

地区	企业数(个)	使用互联网的企业							
				通过互联网进行宣传推广的企业数		自有网站		互联网广告	
		数量(个)	比重(%)	数量(个)	占使用互联网企业的比重(%)	数量(个)	占使用互联网企业的比重(%)	数量(个)	占使用互联网企业的比重(%)
全省	**33637**	**33093**	**98.4**	**22611**	**68.3**	**9508**	**28.7**	**6290**	**19.0**
福州市	6462	6343	98.2	4356	68.7	1993	31.4	1193	18.8
#平潭	119	119	100.0	82	68.9	22	18.5	27	22.7
厦门市	5098	5011	98.3	3686	73.6	2147	42.8	1052	21.0
莆田市	2035	1993	97.9	1402	70.3	447	22.4	411	20.6
三明市	2786	2772	99.5	1582	57.1	336	12.1	428	15.4
泉州市	7678	7522	98.0	5336	70.9	2333	31.0	1471	19.6
漳州市	3238	3187	98.4	2143	67.2	839	26.3	570	17.9
南平市	1732	1730	99.9	1144	66.1	383	22.1	324	18.7
龙岩市	2409	2368	98.3	1560	65.9	539	22.8	443	18.7
宁德市	2199	2167	98.5	1402	64.7	491	22.7	398	18.4

宣传和推广情况

搜索引擎		电子商务平台		电子邮件		社交网站和即时通讯社交工具		其他	
数量（个）	占使用互联网企业的比重（%）	数量（个）	占使用互联网企业的比重（%）	数量（个）	占使用互联网企业的比重（%）	数量（个）	占使用互联网企业的比重（%）	数量（个）	占使用互联网企业的比重（%）
3311	**10.0**	**3203**	**9.7**	**9369**	**28.3**	**4190**	**12.7**	**6251**	**18.9**
712	11.2	567	8.9	1608	25.4	815	12.8	1227	19.3
10	8.4	5	4.2	38	31.9	19	16.0	26	21.8
710	14.2	632	12.6	1575	31.4	790	15.8	868	17.3
198	9.9	179	9.0	600	30.1	279	14.0	464	23.3
179	6.5	172	6.2	868	31.3	276	10.0	402	14.5
763	10.1	800	10.6	1899	25.2	872	11.6	1516	20.2
242	7.6	274	8.6	932	29.2	331	10.4	582	18.3
135	7.8	153	8.8	595	34.4	227	13.1	320	18.5
185	7.8	178	7.5	716	30.2	341	14.4	464	19.6
187	8.6	248	11.4	576	26.6	259	12.0	408	18.8

6-13 分行业企业开展

行业	企业数(个)	有电子商务销售的企业		B2B	
		数量(个)	金额(万元)	企业数量(个)	金额(万元)
总计	**33637**	**1691**	**17104771**	**1253**	**15759861**
采矿业	**457**	**1**	**1**	**1**	**1**
煤炭开采和洗选业	153				
石油和天然气开采业					
黑色金属矿采选业	81	1	1	1	1
有色金属矿采选业	67				
非金属矿采选业	156				
开采辅助活动					
其他采矿业					
制造业	**15027**	**947**	**6713514**	**792**	**6324677**
农副食品加工业	952	59	333521	47	330176
食品制造业	515	35	193674	25	158894
酒、饮料和精制茶制造业	506	35	23304	26	21793
烟草制品业	6	1	7965	1	7965
纺织业	867	46	195909	42	191680
纺织服装、服饰业	1160	82	174124	53	101730
皮革、毛皮、羽毛及其制品和制鞋业	1262	80	324174	52	286772
木材加工和木、竹、藤、棕、草制品业	700	31	49706	26	43028
家具制造业	283	26	104770	22	100430
造纸和纸制品业	432	32	44759	27	31467
印刷和记录媒介复制业	210	4	4986	4	4971
文教、工美、体育和娱乐用品制造业	857	68	137234	58	115993
石油加工、炼焦和核燃料加工业	26				
化学原料和化学制品制造业	662	26	17305	22	14350
医药制造业	117	6	38098	2	16823
化学纤维制造业	90	7	141554	7	141554
橡胶和塑料制品业	681	41	117632	37	115460
非金属矿物制品业	1672	43	99682	39	82448
黑色金属冶炼和压延加工业	326	4	2753	4	2753
有色金属冶炼和压延加工业	150	11	1075502	11	1075460
金属制品业	503	33	102522	29	86457
通用设备制造业	518	57	551517	57	527807

电子商务交易情况

B2C		有面向大陆区域以外销售		有电子商务采购的企业		有面向大陆以外区域采购的企业	
企业数量(个)	金额(万元)	企业数量(个)	金额(万元)	数量(个)	金额(万元)	数量(个)	金额(万元)
758	**1344911**	**352**	**1952606**	**876**	**7097869**	**130**	**470423**
				3	**724**		
				1	18		
				2	706		
361	**388837**	**279**	**1639396**	**562**	**3036536**	**104**	**441739**
21	3346	16	174035	23	41977	4	386
23	34781	3	28171	19	36195		
19	1511	4	473	20	11941	2	60
11	4228	16	90925	22	87624	5	15179
52	72395	17	37150	39	49831	8	16642
51	37402	16	256774	45	232798	13	31412
12	6678	8	12044	17	15582	5	7879
9	4339	10	60747	16	61624	7	7750
10	13292	5	2907	19	34933	2	25000
1	15			9	25347	1	51
21	21241	24	44008	38	78967	4	2249
7	2956	6	3513	24	14843	3	9010
4	21275	1	16813	7	3577		
		4	83265	6	51903	1	32015
9	2171	13	16105	21	47690	4	3772
18	17234	14	18462	24	28914	4	1934
		2	2197	4	699		
3	42	8	42453	10	971251	4	31142
9	16065	12	36214	17	35640		
20	23710	15	70161	41	384553	5	20374

6-13 续表 1

行业	企业数(个)	有电子商务销售的企业			
		数量(个)	金额(万元)	B2B	
				企业数量(个)	金额(万元)
专用设备制造业	440	33	96998	29	89255
汽车制造业	354	30	120934	30	120477
铁路、船舶、航空航天和其他运输设备制造业	175	8	2170	7	2040
电气机械和器材制造业	725	76	435069	69	398881
计算机、通信和其他电子设备制造业	469	33	2095151	27	2038750
仪器仪表制造业	127	21	71372	20	68010
其他制造业	176	19	151131	19	149253
废弃资源综合利用业	43				
金属制品、机械和设备修理业	23				
电力、热力、燃气及水生产和供应业	**302**	**1**	**75148**	**1**	**75148**
电力、热力生产和供应业	245	1	75148	1	75148
燃气生产和供应业	18				
水的生产和供应业	39				
建筑业	**3136**	**22**	**40174**	**21**	**39274**
房屋建筑业	1328	5	1109	5	414
土木工程建筑业	610	1	3	1	3
建筑安装业	370	7	33246	6	33218
建筑装饰和其他建筑业	828	9	5816	9	5640
批发和零售业	**7650**	**370**	**9083359**	**222**	**8381958**
批发业	4315	141	8450195	103	7982835
零售业	3335	229	633164	119	399123
交通运输、仓储和邮政业	**926**	**20**	**967006**	**13**	**840571**
铁路运输业	4				
道路运输业	469	7	4514	5	3565
水上运输业	109	2	127		
航空运输业	12	1	934500	1	810600
管道运输业					
装卸搬运和运输代理业	233	7	27728	6	26407
仓储业	64				
邮政业	35	3	137	1	0
住宿和餐饮业	**1480**	**229**	**32591**	**139**	**19656**
住宿业	719	172	24647	110	13180
餐饮业	761	57	7944	29	6475

B2C		有面向大陆区域以外销售		有电子商务采购的企业		有面向大陆以外区域采购的企业	
企业数量(个)	金额(万元)	企业数量(个)	金额(万元)	数量(个)	金额(万元)	数量(个)	金额(万元)
14	7743	15	42037	17	73550	5	3361
4	457	11	63990	20	55271	5	15629
2	130	1	120	11	249676	2	161701
18	36188	23	125030	47	167823	7	8603
12	56401	12	247929	24	192846	7	43074
7	3362	14	40043	11	20325	3	3300
4	1877	9	123831	10	60145	3	1216
				1	1013		
				5	**13033**		
				3	12962		
				2	71		
6	**900**	**1**	**557**	**65**	**11185**	**5**	**506**
2	695			27	2070	3	502
				8	2455		
1	29			12	2462	2	4
3	176	1	557	18	4199		
207	**701401**	**48**	**304159**	**116**	**3885391**	**14**	**28094**
51	467360	35	297830	40	3326836	6	16162
156	234041	13	6330	76	558555	8	11933
10	**126434**	**1**	**6525**	**14**	**24140**	**1**	**0**
3	950			3	504	1	0
2	127			4	309		
1	123900	1	6525				
2	1321			6	23227		
2	137			1	101		
118	**12935**	**18**	**587**	**34**	**16204**	**3**	**27**
86	11466	16	582	25	857	2	26
32	1469	2	5	9	15347	1	1

6-13 续表 2

行业	企业数(个)	有电子商务销售的企业			
		数量(个)	金额(万元)	B2B	
				企业数量(个)	金额(万元)
信息传输、软件和信息技术服务业	**331**	**33**	**127649**	**20**	**37343**
电信、广播电视和卫星传输服务	61	8	16921	3	11660
互联网和相关服务	31	9	20708	6	13322
软件和信息技术服务业	239	16	90020	11	12361
房地产业	**3111**	**9**	**224**	**9**	**219**
房地产业	3111	9	224	9	219
租赁和商务服务业	**485**	**22**	**36285**	**13**	**25862**
租赁业	18				
商务服务业	467	22	36285	13	25862
科学研究和技术服务业	**295**	**5**	**11610**	**5**	**11580**
研究和试验发展	6				
专业技术服务业	267	3	7369	3	7369
科技推广和应用服务业	22	2	4241	2	4211
水利、环境和公共设施管理业	**79**	**6**	**12231**	**3**	**192**
水利管理业	8				
生态保护和环境治理业	11				
公共设施管理业	60	6	12231	3	192
居民服务、修理和其他服务业	**99**	**2**	**7**	**1**	**5**
居民服务业	59	2	7	1	5
机动车、电子产品和日用产品修理业	19				
其他服务业	21				
教育	**61**	**1**	**434**	**1**	**434**
教育	61	1	434	1	434
卫生和社会工作	**48**	**1**	**12**	**1**	**12**
卫生	48	1	12	1	12
社会工作					
文化、体育和娱乐业	**150**	**22**	**4528**	**11**	**2929**
新闻和出版业	24	6	637	3	382
广播、电视、电影和影视录音制作业	27	10	3602	6	2507
文化艺术业	6	4	237	1	6
体育	19				
娱乐业	74	2	51	1	33

B2C		有面向大陆区域以外销售		有电子商务采购的企业			
						有面向大陆以外区域采购的企业	
企业数量（个）	金额（万元）	企业数量（个）	金额（万元）	数量（个）	金额（万元）	数量（个）	金额（万元）
21	**90306**	**2**	**27**	**22**	**57325**	**1**	**50**
6	5261			3	12553		
6	7386			4	4493		
9	77658	2	27	15	40279	1	50
2	**5**			**27**	**856**	**1**	**6**
2	5			27	856	1	6
12	**10423**	**2**	**1351**	**13**	**6042**		
12	10423	2	1351	13	6042		
1	**30**	**1**	**3**	**5**	**45261**	**1**	**1**
		1	3	5	45261	1	1
1	30						
4	**12039**			**3**	**251**		
4	12039			3	251		
1	**2**			**3**	**205**		
1	2			1	8		
				2	197		
				1	**10**		
				1	10		
15	**1599**			**3**	**709**		
4	255						
7	1095			2	707		
3	231			1	2		
1	18						

6-14 分设区市企业开展

地区	企业数(个)	有电子商务销售的企业				
				B2B		B2C
		数量(个)	金额(万元)	企业数量(个)	金额(万元)	企业数量(个)
全省	**33637**	**1691**	**17104771**	**1253**	**15759861**	**758**
福州市	6462	271	2158759	219	2020439	86
#平潭	119	3	9	2	4	2
厦门市	5098	334	8406112	255	8070653	132
莆田市	2035	135	617251	70	515961	93
三明市	2786	95	587212	67	532461	34
泉州市	7678	447	1984361	332	1766286	244
漳州市	3238	140	998961	108	984110	48
南平市	1732	78	556760	60	130539	32
龙岩市	2409	84	1329871	60	1289815	39
宁德市	2199	107	465482	82	449596	50

电子商务交易情况

			有电子商务采购的企业			
	有面向大陆区域以外销售				有面向大陆以外区域采购的企业	
金额(万元)	企业数量(个)	金额(万元)	数量(个)	金额(万元)	数量(个)	金额(万元)
1344911	**352**	**1952606**	**876**	**7097869**	**130**	**470423**
138320	57	299581	170	1420726	22	18368
5			1	5		
335459	85	710655	171	1327143	32	292462
101290	16	159436	44	313887	7	12275
54751	9	1245	58	410217	2	104
218075	91	411743	233	1264742	37	121567
14851	40	260597	64	516843	9	3313
426222	18	37678	41	360655	7	7038
40056	11	6434	41	1198807	7	8257
15887	25	65237	54	284850	7	7040

6-15 分行业企业电子商务交易平台情况

行业	提供电子商务交易平台企业(个)	提供自营电子商务交易平台企业(个)	平台交易额(万元)	销售额(万元)	采购额(万元)	提供第三方电子商务交易平台的企业(个)	第三方平台交易额(万元)
总计	**463**	**441**	**14421372**	**11412638**	**3008734**	**73**	**809109**
采矿业							
煤炭开采和洗选业							
石油和天然气开采业							
黑色金属矿采选业							
有色金属矿采选业							
非金属矿采选业							
开采辅助活动							
其他采矿业							
制造业	**281**	**273**	**5381636**	**3761802**	**1619834**	**37**	**151390**
农副食品加工业	12	10	87508	55117	32391	2	125
食品制造业	12	12	145071	124978	20093	1	2949
酒、饮料和精制茶制造业	12	10	19061	18646	414	4	2466
烟草制品业							
纺织业	7	7	29882	26430	3452	1	1257
纺织服装、服饰业	31	31	56670	40893	15777	1	300
皮革、毛皮、羽毛及其制品和制鞋业	29	29	282968	165896	117072	7	4397
木材加工和木、竹、藤、棕、草制品业	4	4	15812	13587	2225	1	325
家具制造业	6	6	51580	28050	23530		
造纸和纸制品业	10	9	27960	27809	151	3	15550
印刷和记录媒介复制业	2	2	152	29	124	2	27
文教、工美、体育和娱乐用品制造业	15	15	24056	22932	1124	2	202
石油加工、炼焦和核燃料加工业							
化学原料和化学制品制造业	5	5	2078	2040	38	1	20
医药制造业	1	1	19540	19540			
化学纤维制造业	1	1	285		285		
橡胶和塑料制品业	13	12	18997	16237	2760	2	7161
非金属矿物制品业	11	11	32994	27062	5932	1	1
黑色金属冶炼和压延加工业	3	3	1129	556	573		
有色金属冶炼和压延加工业	5	5	1836227	969328	866899		
金属制品业	12	11	95255	63967	31288	2	8787
通用设备制造业	23	22	137567	58755	78812	2	3075

6-15　续表 1

行　业	提供电子商务交易平台企业(个)	提供自营电子商务交易平台企业(个)	平台交易额(万元)	销售额(万元)	采购额(万元)	提供第三方电子商务交易平台的企业(个)	第三方平台交易额(万元)
专用设备制造业	16	16	42436	31829	10607	1	3000
汽车制造业	10	10	25736	21959	3777		
铁路、船舶、航空航天和其他运输设备制造业	3	3	247178	656	246522	1	124
电气机械和器材制造业	15	15	239788	186033	53755	2	101622
计算机、通信和其他电子设备制造业	10	10	1920205	1830416	89789		
仪器仪表制造业	4	4	12931	2670	10260	1	3
其他制造业	8	8	7560	6389	1171		
废弃资源综合利用业							
金属制品、机械和设备修理业	1	1	1013		1013		
电力、热力、燃气及水生产和供应业	**1**	**1**	**284**		**284**		
电力、热力生产和供应业	1	1	284		284		
燃气生产和供应业							
水的生产和供应业							
建筑业	**7**	**7**	**1318**	**180**	**1138**		
房屋建筑业	3	3	486		486		
土木工程建筑业	1	1	32		32		
建筑安装业	2	2	800	180	620		
建筑装饰和其他建筑业	1	1	0		0		
批发和零售业	**86**	**81**	**7883348**	**6566495**	**1316853**	**17**	**377470**
批发业	27	26	7186250	6293443	892807	3	298100
零售业	59	55	697098	273052	424046	14	79370
交通运输、仓储和邮政业	**10**	**9**	**950632**	**944786**	**5846**	**1**	**40**
铁路运输业							
道路运输业	3	3	3870	3870			
水上运输业	3	3	135	127	8		
航空运输业	1	1	934500	934500			
管道运输业							
装卸搬运和运输代理业	1	1	11890	6153	5737		
仓储业							
邮政业	2	1	237	137	101	1	40
住宿和餐饮业	**21**	**21**	**20089**	**6037**	**14052**	**2**	**226**
住宿业	14	14	3340	2756	584	2	226
餐饮业	7	7	16749	3281	13468		

6-15 续表 2

行业	提供电子商务交易平台企业(个)	提供自营电子商务交易平台企业(个)	平台交易额(万元)			提供第三方电子商务交易平台的企业(个)	第三方平台交易额(万元)
				销售额(万元)	采购额(万元)		
信息传输、软件和信息技术服务业	**22**	**19**	**153776**	**104034**	**49742**	**8**	**264461**
电信、广播电视和卫星传输服务	4	4	21697	10468	11229		
互联网和相关服务	6	6	12846	10817	2029	1	2157
软件和信息技术服务业	12	9	119234	82750	36484	7	262304
房地产业	**7**	**4**	**93**	**41**	**52**	**3**	**26**
房地产业	7	4	93	41	52	3	26
租赁和商务服务业	**10**	**9**	**25061**	**25061**		**2**	**15334**
租赁业							
商务服务业	10	9	25061	25061		2	15334
科学研究和技术服务业	**4**	**3**	**1419**	**1414**	**5**	**1**	**2**
研究和试验发展							
专业技术服务业	3	2	1249	1244	5	1	2
科技推广和应用服务业	1	1	171	171			
水利、环境和公共设施管理业	**2**	**2**	**284**	**69**	**215**		
水利管理业							
生态保护和环境治理业							
公共设施管理业	2	2	284	69	215		
居民服务、修理和其他服务业							
居民服务业							
机动车、电子产品和日用产品修理业							
其他服务业							
教育	**1**	**1**	**444**	**434**	**10**		
教育	1	1	444	434	10		
卫生和社会工作							
卫生							
社会工作							
文化、体育和娱乐业	**11**	**11**	**2988**	**2285**	**703**	**2**	**160**
新闻和出版业	1	1	0	0			
广播、电视、电影和影视录音制作业	9	9	2759	2056	703	2	160
文化艺术业	1	1	228	228			
体育							
娱乐业							

6-16　分设区市企业电子商务交易平台情况

地　区	提供电子商务交易平台企业(个)	提供自营电子商务交易平台企业(个)	平　台交易额(万元)			提供第三方电子商务交易平台的企业(个)	第三方平　台交易额(万元)
				销售额(万元)	采购额(万元)		
全　省	**463**	**441**	**14421372**	**11412638**	**3008734**	**73**	**809109**
福州市	66	61	1183173	714932	468241	8	26913
#平潭	1	1	1	1			
厦门市	118	112	7398278	6907897	490381	18	177078
莆田市	40	38	670088	378698	291391	8	926
三明市	5	5	9940	9939	0	1	8525
泉州市	157	151	1504815	1238182	266633	27	583726
漳州市	26	26	1031008	614627	416381	1	3
南平市	13	13	53280	33757	19523	1	8875
龙岩市	22	21	2262628	1210540	1052089	5	581
宁德市	16	14	308162	304067	4095	4	2482

附　录

主要指标解释

主要指标解释

房屋施工面积　指报告期内施工的全部房屋建筑面积。包括本期新开工的房屋建筑面积、上期跨入本期继续施工的房屋建筑面积、上期停缓建在本期恢复施工的房屋建筑面积、本期竣工的房屋建筑面积以及本期施工后又停缓建的房屋建筑面积。多层建筑应填各层建筑面积之和。

房屋新开工面积　指报告期内新开工建设的房屋建筑面积，以单位工程为核算对象，即整栋房屋的全部建筑面积，不能分割计算。不包括在上期开工跨入本期继续施工的房屋建筑面积和上期停缓建而在本期复工的房屋建筑面积。房屋的开工应以房屋正式开始破土刨槽（地基处理或打永久桩）的日期为准。

房屋竣工面积　指报告期内房屋建筑按照设计要求已全部完工，达到住人和使用条件，经验收鉴定合格或达到竣工验收标准，可正式移交使用的各栋房屋建筑面积的总和。

竣工面积以房屋单位工程（栋）为核算对象，在整栋房屋符合竣工条件后按其全部建筑面积一次性计算，而不是按各栋施工房屋中已完成的部分或层次分割计算。

商品房销售面积　指报告期内出售商品房屋的合同总面积（即双方签署的正式买卖合同中所确定的建筑面积）。商品房销售面积由现房销售面积和期房销售面积两部分组成。

（1）现房销售面积：指在报告期内正式签订买卖合同、已经竣工达到入住条件的商品房屋建筑面积。包括以一次性付款方式和分期付款方式销售的现房建筑面积。

（2）期房销售面积：指在报告期内正式签订买卖合同、正在建设尚未竣工交付使用的商品房屋建筑面积。包括以一次性付款方式和分期付款方式销售的商品房屋建筑面积。期房销售建筑面积竣工后不再结转为现房销售建筑面积。

商品房销售额　指报告期内出售商品房屋的合同总价款（即双方签署的正式买卖合同中所确定的合同总价）。该指标与商品房销售面积同口径，由现房销售额和期房销售额两部分组成。

（1）现房销售额：指报告期内销售的已竣工商品房屋的合同总价款。包括现房销售前期预收的定金、预收款、首付款及全部按揭贷款的本金等款项。该指标与现房销售面积同口径。

（2）期房销售额：指报告期内销售的正在建设尚未竣工的商品房屋的合同总价款。包括预售房屋前期预收的定金、预收款、首付款及全部按揭贷款的本金等项。该指标与期房销售面积同口径。

房屋竣工价值　指报告期内按规定已经上报竣工的房屋本身的建造价值。一般按房屋设计和预算规定的内容计算。包括竣工房屋本身的基础、结构、屋面、装修以及水、电、卫等附属工程的建筑价值；也包括作为房屋建筑组成部分而列入房屋建筑工程预算内的设备（如电梯、通风设备等）的购置和安装费用。不包括厂房内的工艺设备、工艺管线的购置和安装，工艺设备基础的建造；室外的水、暖、电、卫、道路工程、挡土墙等环境工程的费用；办公和生活用家具的购置等费用；购置土地的费用；迁移补偿费和场地平整的费用及城市建设配套投资。

房屋竣工价值不仅包括该竣工房屋在报告期内完成的价值，也包括跨年施工的房屋在本期以前完成的价值。未竣工而转让给其他单位的房屋建筑工程，出让单位不计算竣工价值，待接受单位继续施工并符合竣工条件后，由接受单位计算其竣工价值，包括出让单位在出让前所完成的价值。房屋竣工价值一般按结算价格（或中标价）计算。

待开发土地面积　指经有关部门批准，通过各种方式获得土地使用权，但尚未开工建设的土地面积。

本年土地购置面积　指在本年内通过各种方式获得土地使用权的土地面积。

资产总计　指企业过去的交易或者事项形成的、由企业拥有或者控制的、预期会给企业带来经济利益的资源。资产一般按流动性（资产的变现或耗用时间长短）分为流动资产和非流动资产。其中流动资产可分为货币资金、交易性金融资产、应收票据、应收账款、预付款项、其他应收款、存货等；非流动资产可分为长期股权投资、固定资产、无形资产及其他非流动资产等。根据会计“资产负债表”中“资产总计”项目的期末余额数填报。

执行2006年《企业会计准则》的企业：资产合计=流动资产合计+非流动资产合计；未执行2006年《企业会计准则》企业的资产包括流动资产、长期投资、固定资产、无形资产和其他资产等。

负债合计　指企业过去的交易或者事项形成的，预期会导致经济利益流出企业的现时义务。负债一般按偿还期长短分为流动负债和非流动负债。根据会计“资产负债表”中“负债合计”项目的期末余额数填报。

执行2006年《企业会计准则》的企业：负债合计=流动负债合计+非流动负债合计；未执行2006年《企业会计准则》企业的负债包括流动负债和长期负债。

主营业务收入　指企业确认的销售商品、提供劳务等主营业务的收入。根据会计“主营业务收入”科目的期末贷方余额填报。执行2006年《企业会计准则》的企业，如未设置该科目，以“营业收入”代替填报。

土地转让收入　指房地产开发企业按国家规定在报告期转让已经开发的土地和未经开发的土地所得到的收入。根据会计“利润表”和相关核算资料计算填报。

商品房屋销售收入 指房地产开发企业在报告期售出商品房屋的收入，一次收款的，一次性全部计入销售收入，按合同规定分期收款的，可按合同规定的时间分次计入收入。根据会计“利润表”和相关核算资料计算填报。

房屋出租收入 指房地产开发企业在报告期内，在不改变现有财产所有权关系的条件下，将企业的全部或部分房屋出租给其他单位或个人使用所得到的租金收入。根据会计“利润表”和相关核算资料计算填报。

其他（主营业务）收入 指房地产开发企业在报告期内从事除以上收入外的其他业务活动所得到的收入，包括配套设施销售收入、代建工程结算收入等。根据会计“利润表”和相关核算资料计算填报。

利润总额 指企业在一定会计期间的经营成果，是生产经营过程中各种收入扣除各种耗费后的盈余，反映企业在报告期内实现的亏盈总额。根据会计“利润表”中“利润总额”项目的本期金额数填报。执行 2006 年《企业会计准则》的企业，利润总额为营业利润加上营业外收入，减去营业外支出后的金额；未执行 2006 年《企业会计准则》的企业，利润总额为营业利润加上投资收益、补贴收入、营业外收入，再减去营业外支出后的金额。